Manfred Engeli

Makarios

Der Weg, ein glücklicher Mensch zu werden

n^v

NEUFELD VERLAG

Bibelzitate wurden den folgenden Übersetzungen entnommen:

(GNB): *Gute Nachricht Bibel* (Revidierte Fassung der Bibel
in heutigem Deutsch, durchgesehene Ausgabe in neuer
Rechtschreibung) © 2000 Deutsche Bibelgesellschaft, Stuttgart

(HfA): *Hoffnung für alle*® © 1983, 1996 by *International Bible Society*®

(LU): *Bibel in der Übersetzung von Martin Luther* in der
revidierten Fassung von 1984, durchgesehene Ausgabe in neuer
Rechtschreibung © 1999 Deutsche Bibelgesellschaft, Stuttgart

(ZH): *Zürcher Bibel* 2007 © 2007 Verlag der Zürcher
Bibel beim Theologischen Verlag Zürich

(NGÜ): *Neue Genfer Übersetzung* 2009 © Genfer
Bibelgesellschaft, CH-Romanel-sur-Lausanne

Alle anderen Zitate: (EF) *Die Bibel. Elberfelder Übersetzung*
© 1985/1991/2006, R. Brockhaus Verlag, Wuppertal

Die Deutsche Bibliothek verzeichnet diese Publikation in der
Deutschen Nationalbibliografie; detaillierte bibliografische
Daten sind im Internet über www.dnb.de abrufbar

Lektorat: Roland Nickel, Bahlingen am Kaiserstuhl
Umschlaggestaltung: spoon design, Olaf Johannson
Umschlagbild: © Photocase
Satz: Neufeld Verlag
Abbildungen (nach Vorlagen des Verfassers): Markus Neufeld, Bamberg
Herstellung: Bercker Graphischer Betrieb GmbH & Co. KG, Kevelaer

© 2011 Neufeld Verlag Schwarzenfeld
ISBN 978-3-86256-019-6, Bestell-Nummer 588 720

Eine erste, vergriffene, Auflage dieses Buches erschien
2007 im Scesaplana Verlag, Seewis/Graubünden

Nachdruck und Vervielfältigung, auch auszugsweise,
nur mit Genehmigung des Verlages

www.neufeld-verlag.de

NEUFELD VERLAG

n^®

Inhalt

Verzeichnis der Abbildungen

Liebe Leserin, lieber Leser!

*A*nleitung zum Unglücklichsein ist der provokative Titel eines Buches von Paul Watzlawick. Diese Kunst beherrschen wir Menschen auch ohne große Anleitung und wir geben sie von Generation zu Generation weiter. Sie hat natürlich eine Ursache, und der hat Gott den Kampf angesagt. Er will uns die Kunst lehren, durch die Beziehung mit ihm glücklich zu sein. Das Glück, das er für uns bereithält, wird im Neuen Testament mit dem griechischen Wort *makarios* ausgedrückt (zum Begriff siehe Anhang).

Heute würde ich mich *makarios* nennen. Das war nicht immer so. Während vieler Jahre waren meine Erfahrungen und unser Weg mit Gott als Ehepaar und Familie zunächst durch glückliche Umstände und auch äußerlich sichtbaren Segen geprägt. Dann gerieten wir in die Hitze des Schmelzofens des Leidens: Unser dreißigjähriger Sohn David, der in Frankreich an seiner ersten Pfarrstelle war, erkrankte und starb an einem Krebsleiden. Wenig mehr als ein Jahr später wurde bei mir ein weit fortgeschrittener, äußerst aggressiver Krebs diagnostiziert – ohne medizinische Chance auf Heilung. Bei mir hat Gott eingegriffen und ich lebe! Was für uns als Ehepaar und für unsere Kinder durch diesen zweimaligen Weg des Leidens bewirkt wurde, ist menschlich gesehen unlogisch und unerklärbar. Leiden und Not haben uns nicht von Gottes Liebe getrennt – wir haben seine Güte, Barmherzigkeit und Gnade noch viel tiefer erlebt und sind heute mehr *makarios* als jemals zuvor.

In diesem Buch findet unser Weg mit Gott seinen Ausdruck; es ist aber auch die Frucht meiner mehr als zwanzigjährigen psychotherapeutischen Erfahrung auf der Grundlage des christlichen Glaubens – ich bezeichne diese Tätigkeit im Folgenden als Seelsorge. Für mich ist die Bibel die Wahrheit, das vertrauenswürdige Wort Gottes, das in seinem Gesamtzeugnis eine Einheit bildet; sie ist die ursprüngliche und eigentliche Quelle der Erkenntnis. Durch sie schließt Gott uns *alle Schätze der Weisheit und Erkenntnis* auf, die *in Christus verborgen* sind (vgl. Kol 2,3). Da ich in meinem eigenen Leben und in der seelsorgerlichen Arbeit erfahren habe, dass Gottes Wort außerdem eine Kraft ist, die uns verändert, *schäme ich mich des Evangeliums nicht* (vgl. Röm 1,16).

Was mir in den biblischen Aussagen jeweils auffällt und wichtig wird, hat sicher mit meiner eigenen Erfahrung als Mensch zu tun, aber auch mit dem Blickwinkel des Psychologen und des Seelsorgers. Ich habe entdeckt, dass die Bibel höchste Relevanz besitzt für das menschliche Leben.

Weshalb schreibe ich dieses Buch? Es geht mir um mehr als nur darum, meine Entdeckungen mit Ihnen zu teilen. Jesus sagt: *Mein Vater wirkt bis jetzt* (Joh 5,17). Ich habe erfahren, dass dies auch heute noch stimmt. Wenn Sie ihm eine Chance geben bei der Lektüre dieses Buches, werden Sie sein Wirken erfahren. Gewisse Bibeltexte, einzelne Aussagen, vielleicht eine Abbildung werden Ihr Herz ansprechen, denn Gott will zu unserem Herzen reden. Wenn Sie wahrnehmen, dass das geschieht, sollten Sie innehalten und dem, was in Ihnen bewegt wird, nachgehen. Vielleicht ergibt sich daraus eine Bitte an Gott – oder ein Schritt im

Gebet. Es kann hilfreich sein, diese inneren Erfahrungen und das, was im Alltag daraus wird, aufzuschreiben – zum Beispiel in einem Lese-Tagebuch; oder Sie finden eine andere Ihnen entsprechende Art, um nicht zu vergessen, was Gott Ihnen Gutes getan hat (vgl. Ps 103,2).

So bitte ich denn: Gott segne Sie durch die Lektüre dieses Buches! Er schenke Ihnen eine geschärfte innere Wahrnehmung für das Neue, das er in Ihnen bewirkt:

Denkt nicht an das Frühere,
und auf das Vergangene achtet nicht!
Siehe, ich wirke Neues!
Jetzt sprosst es auf. Erkennt ihr es nicht?
Ja, ich lege durch die Wüste einen Weg,
Ströme durch die Einöde (Jes 43,18–19).

Gott will unser Glück

Es soll meine Freude sein, ihnen Gutes zu tun
(Jer 32,41 | LU).

Wenn mein leiblicher Vater das zu mir gesagt hätte, hätte ich das ernst genommen. Vielleicht hätte ich mich bei einigen seiner Handlungen und Entscheidungen gefragt, worin das Gute nun bestehen könnte. Vielleicht hätte ich auch einmal aus Unverständnis den Kopf geschüttelt; aber daran gezweifelt, dass er es ehrlich meint, hätte ich nicht.

Doch hier ist es der liebende himmlische Vater, der uns das sagt. Gott kann ja nicht lügen.

Aber erleben wir das tatsächlich so? Entspricht das unserer Erfahrung? Ist unser Gott ein liebevoller Vater, der Freude daran hat, uns mit Gutem zu beschenken? Die Sehnsucht nach einer liebenden Beziehung zu Gott als unserem Vater und dem uns verheißenen Glück ist tief eingeschrieben in unseren Herzen. Eigentlich wissen wir, dass dies unsere wahre Bestimmung ist.

Aber die Realität unseres Lebens ist oft weit davon entfernt. Weshalb? Was können wir hier tun?

Gottes Weg zur Sohn- und Tochterschaft

Für den Weg zu unserer eigentlichen Bestimmung kommt Jesus Christus eine Schlüsselrolle zu. Er sagt von sich selbst:

> *Ich bin der Weg und die Wahrheit und das Leben.*
> *Niemand kommt zum Vater als nur durch mich* (Joh 14,6).

Ihn, seinen geliebten Sohn, hat der Vater auf die Erde gesandt, um die Menschen mit sich zu versöhnen, sie aus der Herrschaft des Bösen zu befreien und die Macht des Feindes zu brechen. Allen, die ihn in ihr Leben aufnehmen, gibt er *das Recht, Kinder Gottes zu werden* (Joh 1,12). Sie können Gott als Vater finden und als Söhne oder Töchter Gottes leben. In Jesus Christus überwindet Gott die zerstörerischen Folgen des Sündenfalls und macht eine neue Schöpfung:

> *Wir sind sein Gebilde,*
> *in Christus Jesus geschaffen zu guten Werken,*
> *die Gott vorher bereitet hat,*
> *damit wir in ihnen wandeln sollen* (Eph 2,10).

Es beeindruckt mich, wie leicht es der Vater seinen Kindern machen will: Er schafft sie nicht nur neu und befähigt sie dadurch, liebesfähig zu werden und Gutes zu tun; er bereitet auch alles für sie vor, sodass sie in die vorbereiteten Werke nur noch einzutreten brauchen. Zur Neuschöpfung gehört auch, dass Gottes Geist in ihnen Wohnung nimmt, ihre Herzen mit Frieden erfüllt (vgl. Joh 14,26f) und sie in *die herrliche Freiheit der Kinder Gottes* hineinführt (vgl. Röm 8,21 | LU). Wir erkennen, dass der Vater seinen Söhnen und Töchtern wirklich Gutes tun und sie glücklich machen will. Gott wünscht sich, dass wir *makarios* werden.

Die Größe seines Angebots wird uns erst richtig bewusst, wenn wir es mit der Realität vergleichen, die wir erleben: Wir empfinden das Leben oft als mühseligen Kampf; es gibt so viel Stacheliges in unseren Beziehungen; wir sind bedrängt durch die Erwartungen der anderen, die Verpflichtungen, die Umstände; auch in uns selber erleben wir immer wieder den Zwiespalt zwischen dem, was wir eigentlich wollen, und dem, was wir dann schlussendlich tun; wir sind uns unserer mangelnden Liebesfähigkeit bewusst; unser Herz ist in vielem ungestillt und geprägt durch Ängste, Sorgen und Unruhe.

Was bedeutet es für uns ganz konkret, dass Jesus der Weg zum Vater und damit auch zu einem neuen Leben im Frieden und in der Freiheit ist?

Unser Beitrag

Zuerst einmal müssen wir uns für diesen Weg entscheiden. Dies tun wir, indem wir Gottes größtes Angebot annehmen und Jesus als Erlöser und Herrn in unser Leben aufnehmen (vgl. Joh 1,12). So treten wir in die Gotteskindschaft und in die Neuschöpfung ein und öffnen uns für den ganzen Reichtum des göttlichen Segens, der uns verheißen ist (z. B. Eph 1,3).

Auf diesem Weg lädt Jesus uns nun zu einem weiteren Schritt ein; er möchte, dass wir mit ihm zusammen unterwegs sind; er ruft uns unter sein Joch:

Kommt her zu mir, alle ihr Mühseligen und Beladenen!
Und ich werde euch Ruhe geben.
Nehmt auf euch mein Joch, und lernt von mir!
Denn ich bin sanftmütig und von Herzen demütig,
und ihr werdet Ruhe finden für eure Seelen;
denn mein Joch ist sanft, und meine Last ist leicht
(Mt 11,28–30).

Jesus ermutigt uns, unsere vielfältigen Joche zu verlassen und ganz und ausschließlich unter sein Joch zu treten. Sein liebevoller Arm der Freundschaft ist das sanfte Joch, unter das er uns einlädt, damit wir in seiner Gemeinschaft Ruhe finden für unsere Seele. Hier können wir alles mit ihm besprechen, ihn fragen, beobachten, wie er die Dinge tut, und ihm nachfolgen, wohin er geht. Er bietet sich uns an als Vorbild, von dem wir lernen können, wie man als Sohn oder Tochter Gottes lebt, um *makarios* zu sein.

Von Jesus Christus lernen

Habt diese Gesinnung in euch,
die auch in Christus Jesus war (Phil 2,5).

D as Wichtigste, was wir von Jesus lernen können, ist seine Gesinnung (zum Begriff siehe Anhang). Weil aus der *Gesinnung des Herzens* (Hebr 4,12) unser Denken und unser Handeln entspringen, setzt Gottes Umgestaltung der Person hier an. Paulus lädt uns ein:

Lasst euch eine neue Gesinnung schenken.
Dann könnt ihr erkennen, was Gott von euch will.
Ihr wisst dann, was gut und vollkommen ist
und was Gott gefällt (Röm 12,2 | GNB).

Die Gesinnung Jesu

Was die Gesinnung Jesu charakterisiert, ist Hingabe. Sein Verzicht ist unvorstellbar groß: Er verließ die tiefe Liebesgemeinschaft mit dem Vater, er verzichtete auf die göttlichen Eigenschaften der Allgegenwart, des Allwissens und der Allmacht und stieg hinab in die Enge des menschlichen Lebens, ins Gefängnis von Raum, Zeit und Körperlichkeit und in die Not der durch Lieblosigkeit geprägten menschlichen Beziehungen.

Weshalb hat Jesus das getan? Aus Liebe zum Vater und damit sein Plan der Erlösung verwirklicht würde. Aus Liebe zu den geknechteten Menschen, ganz aus freien Stücken. Das ist Hingabe.

Ebenso beeindruckend ist zu sehen, wie Jesus aus dieser Gesinnung heraus gelebt hat. Er hat als erster die göttliche Berufung des Menschen verwirklicht, allein und ganz zur Ehre Gottes zu leben (vgl. Eph 1,12). Er hat den Vater nie betrübt oder ihn im Stich gelassen. Er suchte nie das Seine, es ging ihm nie um sein Recht, er war frei von jedem Egoismus. Weil er nie außerhalb der Liebe gehandelt hat, wurde er auch nie schuldig (siehe hierzu auch im Anhang unter »Sünde«). Um so leben zu können, musste er das Gesetz der Perpetuierung durchbrechen, durch welches das Ungute in der Welt von Generation zu Generation weitergegeben wird. (Als Perpetuierung wird die Aufrechterhaltung und Fortdauer einer Situation oder eines Zustands bezeichnet.) Dieses Gesetz ist vom Sündenfall an bis heute wirksam. Es gehorcht dem Prinzip von Saat und Ernte: Wo ich verletzt worden bin, verletze ich auch wieder andere; wo ich Defizite habe, kann ich nichts geben; vom Opfer werde ich zum Täter; gerade dort, wo ich selber gelitten habe, werde ich wieder an anderen schuldig. Jesus hat dieses Gesetz überwunden, damit es auch in unserem Leben außer Kraft gesetzt werden kann.

Als Sohn Gottes besaß er auch in menschlicher Gestalt das beeindruckendste Potenzial an Einsicht, Verständnis, Entscheidungskraft und vielerlei Fähigkeiten. Doch wie hat er sein Potenzial eingesetzt? Er hat nicht darauf vertraut (vgl. Spr 3,5–7; Jer 17,5). Stattdessen hat er sich in allem ganz dem Vater untergeordnet und auf jede Eigenmächtigkeit verzichtet. In Johannes 5,19–20 bezeugt er:

Der Sohn kann nichts von sich selbst tun,
außer was er den Vater tun sieht;
denn was der tut, das tut ebenso auch der Sohn.
Denn der Vater hat den Sohn lieb
und zeigt ihm alles, was er selbst tut.

Diese frei gewählte, völlige Unterordnung Jesu unter den Vater machte ihn frei von jeder Menschenfurcht und aller Abhängigkeit von den Menschen; so wurde er unmanipulierbar. Dies machte ihn zugleich stark und demütig. Demut könnte man beschreiben als »Gottesfurcht ohne Menschenfurcht«. Aus seiner Demut erwuchs ihm ein unerschrockener Mut gegenüber den Menschen und dem, was sie uns antun können. In den Verhören vor seiner Kreuzigung verzichtete er auf jede Rechtfertigung und Verteidigung *und sagte kein einziges Wort* (Mt 27,14). Zur Freiheit, die er durch die kompromisslose Abhängigkeit vom Vater gewann, gehörte aber auch die Bereitschaft, die Menschen freizulassen, statt sie an sich zu binden, und Unverstandensein und Einsamkeit auszuhalten.

Aber war Jesus glücklich? Wenn wir »Glück« im Sinne der heutigen Gesellschaft verstehen, passt dieses Wort wohl nicht zu Jesu Leben. Aber im Sinne von *makarios* war Jesus glücklich. In den Seligpreisungen der Bergpredigt (Mt 5,1–12), wo *makarios* jeweils mit »selig« übersetzt wird, spricht Jesus eigentlich über das, was er selbst erlebt. Dadurch macht er den Jüngern klar, dass allen, die ihm nachfolgen, die *Makarios*-Erfahrung offen steht, wenn auch durch Not und Leiden hindurch. Das zeigt sich auch im durch viel Verfolgung und Sorgen geprägten Leben von Paulus. Paulus war *makarios*:

Ich bin mit Trost erfüllt,
ich bin überreich an Freude bei all unserer Bedrängnis
(2Kor 7,4; vgl. 11,23ff).

Um *makarios* zu sein, brauchen wir die Fähigkeit, in der Not und im Leiden in der Freude und im Frieden zu bleiben. Wie ist das möglich? In den Abschiedsreden (Joh 15,9–14) gibt Jesus den Jüngern sein Geheimnis preis. Es heißt: In allem und immer in der Liebe bleiben. Jesus ist in der Liebe des Vaters geblieben, hat sie nie infrage gestellt. Er hat sich entschieden, alles aus Liebe zum Vater zu tun. Aus Liebe zu den Menschen hat er sein Leben für sie hingegeben. Jesus fordert seine Jünger dazu auf, auch so zu leben. Wer in, aus und für die Liebe lebt, bleibt im Frieden. Wenn Gott unser *Makarios*-Glück will, dann muss er uns also dazu befähigen, in der Liebe zu bleiben und aus der Liebe zu leben.

Von Jesus lernen

Am meisten lernen Menschen von Vorbildern. Jesus weiß das; deshalb lädt er uns dazu ein (Mt 11,29). Wie können wir von Modellen lernen? Durch Beobachtung. Wenn wir bei einem Vorbild ein Verhalten sehen, das positive Auswirkungen hat, möchten wir es übernehmen und versuchen, uns auch so zu verhalten. Wie lässt sich das nun übertragen auf unser Zusammensein mit Jesus unter dem gemeinsamen Joch?

Wir müssen lernen, Jesus zu beobachten: Wie geht er mit uns um und welche Auswirkungen hat das auf uns? Dies ist ein spannender Prozess. Mir ist beispielsweise aufgefallen, dass Jesus sehr direkt und ehrlich mit mir umgeht; doch alles, was er mir sagt, bewirkt Hoffnung und Ermutigung. So ist es auch, wenn ich meinem Meister einen erledigten Auftrag zurückgebe: Sein Urteil ist jedes Mal wahrhaftig und zugleich entlastend. In seiner Gegenwart komme ich in den Frieden; er macht nie Druck und schafft keinen Stress – bei ihm haben alle Dinge ihre Zeit. Der liebenswürdige Humor, mit dem er mir immer wieder begegnet, schafft eine entlastende Distanz und rückt die Proportionen wieder zurecht; so kann ich manchmal auch über mich lachen. Ich bin so dankbar, dass das Leben mit Jesus so fröhlich, ermutigend, aber auch wachstumsfördernd und herausfordernd ist.

Für diesen Lernprozess ist der innere Austausch mit Jesus von großer Bedeutung. Wir können uns das Ziel setzen, im Alltag und im Berufsleben alles mit Jesus oder dem Vater zu besprechen. Vielleicht geht es Paulus um dieses Zwiegespräch mit Gott, wenn er schreibt: *Freut euch alle Zeit! Betet unablässig! Sagt in allem Dank!* (1Thess 5,16–18). In meiner seelsorgerlichen Arbeit hat sich immer wieder bestätigt, dass diese Möglichkeit allen Menschen offensteht, die sich nach einer engen Beziehung mit Jesus oder dem Vater sehnen. Es wird auch durch folgende Aussage Jesu bekräftigt:

Meine Schafe hören meine Stimme,
und ich kenne sie,
und sie folgen mir (Joh 10,27).

Das Ziel dieses Lernprozesses ist nicht, Jesus in den äußeren Formen seines Lebens ähnlich zu werden, sondern in seiner Beziehung zum Vater und in seiner Gesinnung. Wie wir oben gesehen haben, war diese geprägt durch seine Liebesfähigkeit. Wenn wir von ihm als Vorbild lernen wollen, müssen wir bereit sein, Schritte der Veränderung zu gehen. Die Beziehung zu Jesus kann für uns wie ein Spiegel werden, in dem wir sehen, wie Gott uns eigentlich gemeint hat. Und dann kommt es darauf an, dass wir auch handeln und das Erkannte umsetzen; nur so werden wir *makarios* (siehe dazu im Anhang »Die Kunst der kleinen

Schritte«, S. 126). Was Jakobus über Gottes Wort als Spiegel sagt, gilt auch für unsere Begegnungen mit Jesus:

Wenn jemand ein Hörer des Wortes ist und nicht ein Täter,
der gleicht einem Mann,
der sein natürliches Gesicht in einem Spiegel betrachtet.
Denn er hat sich selbst betrachtet und ist weggegangen,
und er hat sogleich vergessen, wie er beschaffen war.

Wer aber in das vollkommene Gesetz der Freiheit
hineingeschaut hat und dabei geblieben ist,
indem er nicht ein vergesslicher Hörer,
sondern ein Täter des Werkes ist,
der wird in seinem Tun glückselig [makarios] sein
(Jak 1,23–25).

Gott lieben

Wir lieben [ihn], weil er uns zuerst geliebt hat (1Joh 4,19).

Liebe ist das Wesensmerkmal der Person Gottes. Dass er uns nach seinem Bilde geschaffen hat (1Mo 1,26), bedeutet zwei Dinge: Wir sind dazu berufen, in Beziehungen zu leben, und Liebe ist das Bestimmende unserer Existenz. Wenn Sie diese beiden Wahrheiten auf Ihre Person und auf die Realität Ihres Lebens übertragen, spüren Sie, dass es so ist. Deshalb tragen wir die Sehnsucht in uns, dass unser Leben ganz durch die Liebe geprägt sein möge.

Der Mensch ist ein Beziehungswesen

Gott hat den Menschen als Beziehungswesen geschaffen. Wir stehen also immer und überall in Beziehungen. Unser ganzes Handeln enthält einen Beziehungsaspekt – auch das Vermeiden einer Begegnung ist ein Beziehungsverhalten. Deshalb kann das

Axiom von Watzlawick zur Kommunikation – »Man kann nicht *nicht* kommunizieren« (Watzlawick: Kommunikation, S. 53) – auf alle drei Beziehungsdimensionen des Menschen übertragen werden: Der Mensch kann nicht *nicht* in Beziehung stehen.

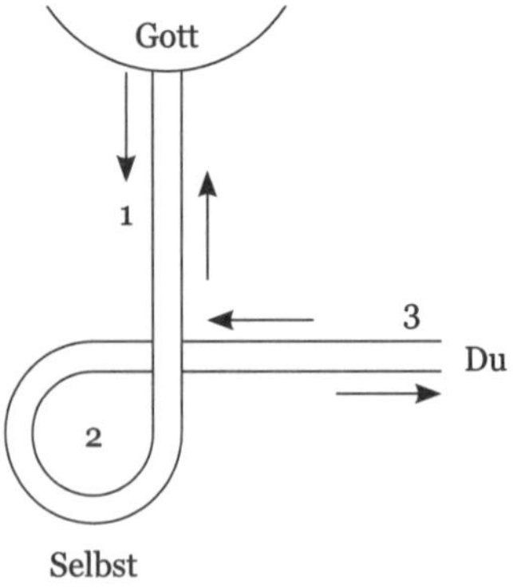

Abb. 1: Die drei Beziehungsdimensionen des Menschen

Dies zeigt sich nicht nur in den mitmenschlichen Beziehungen, wo das Kommunikations-Axiom gilt, sondern auch in der Selbst-beziehung und in der Beziehung zu Gott. So wie wir alle eine Beziehung zu uns selber haben, ob sie nun gut sei oder schlecht, so ist auch jeder Mensch darauf angelegt, eine Beziehung zu Gott oder zu einem Gott-Ersatz zu suchen – zu etwas also, das seine eigene Existenz übersteigt. Augustinus hat die Erfahrung gemacht, dass wir aber nur in Gott Ruhe finden: »Zu dir hin hast du uns geschaffen, und unruhig ist unser Herz, bis es ruhet in dir« (Augustinus: Bekenntnisse, S. 31).

Das oben dargestellte Konzept des Röhrensystems lässt uns besser verstehen, wie Gott unsere Gottesebenbildlichkeit gemeint hat: Unsere Verbindung mit ihm schließt uns an der Quelle der

Liebe an. Dadurch wird unsere Person zu einem Gefäß, aus dem Gottes Liebe auf die Mitmenschen überfließen kann. So werden wir zu einer Liebesquelle für andere. Jesus drückt dies so aus:

Wenn jemand dürstet, so komme er zu mir und trinke!
Wer an mich glaubt ... aus seinem Leibe
werden Ströme lebendigen Wassers fließen (Joh 7,37).

Wie die Pfeile in der Abbildung andeuten, kann der Liebesfluss in zwei Richtungen fließen: Gottes Liebe will durch mich hindurch – nicht etwa an mir vorbei! – zu meinen Mitmenschen fließen. Dabei soll ich der erste Gesegnete sein. Die Liebe, welche mir von den anderen entgegenkommt, bewirkt in mir wieder Dankbarkeit und größere Liebe zu Gott hin. Alle unsere Beziehungen sind von Gott her also als Teil eines Liebesfluss-Systems gedacht, das immer von ihm als Quelle ausgeht. Ähnliches drückt auch das »Beziehungsdreieck« aus im Kapitel »Konzepte für unsere Beziehungen« (S. 42).

Liebe: unser größtes Bedürfnis – unser größter Auftrag

Liebe ist das Bestimmende unserer Existenz. Das hat sich in meinen Gesprächen mit Menschen immer wieder bestätigt. Unser Liebesbedürfnis ist doppelt. Einerseits drückt es sich im tiefen Wunsch aus, geliebt zu werden. Eine etwa 45-jährige Frau sagte mir im Gespräch: »Alles, was ich in meinem Leben bisher getan habe, hatte nur ein Ziel: geliebt zu werden.« Unser Liebes-Durst ist so groß, dass Menschen ihn gar nicht stillen können. Jesus weiß, dass unser Durst göttliche Dimensionen hat; deshalb lädt er uns ein, bei ihm zu trinken. Später werde ich noch konkreter ausführen, wie wir Jesu Einladung annehmen und unseren Durst bei ihm stillen können.

Unser Liebesbedürfnis hat aber noch eine andere Seite: Wir sehnen uns danach, jemanden lieben zu dürfen, und dass unsere Liebe angenommen wird. Auch in diesem Bedürfnis hat Gott uns nach seinem Bild geschaffen. Deshalb bietet er sich uns als Gegenüber an, das wir lieben dürfen und das unsere Liebe mit Freude empfangen wird. Aus unserem Wunsch, jemanden lieben zu dürfen, macht Gott sogar ein Gebot:

Du sollst den Herrn, deinen Gott, lieben
aus deinem ganzen Herzen
und mit deiner ganzen Seele
und mit deiner ganzen Kraft
und mit deinem ganzen Verstand (Lk 10,27).

Gottes Auftrag ist unmissverständlich: Wir sollen in unserer Liebe zu ihm ganz sein. Mit allem, was zu uns gehört, sollen wir uns in diese Beziehung hineingeben: unser Herz, unsere Emotionen, unser Denken, unsere Körperkraft – alles soll in sie hinein fließen. Gott will in unserem Herzen den ersten Platz einnehmen. Der Beziehung zu ihm soll die höchste Priorität zukommen in unserem Leben. So wird aus unserem Bedürfnis eine große Herausforderung, der wir uns stellen müssen: Wir sollen Gott unsere ungeteilte Zuwendung schenken.

Unser Gottesbild

Was für unsere zwischenmenschlichen Beziehungen gilt, trifft auch für unsere Gottesbeziehung zu: Sie wird bestimmt durch das Bild, das wir uns von unserem Gegenüber machen. Das Bild, das wir vom anderen haben, erleichtert es uns, ihn zu lieben, oder kann es uns unmöglich machen, zu lieben. Wenn ich Menschen begleitet habe, bin ich immer wieder dem Gottesbild begegnet, das sie in ihrem Herzen trugen. Manchmal musste ich sagen: »Ihrem Gott könnte ich auch nicht vertrauen; meinem schon.«

Was in der Beziehung zu Gott wirklich zählt, ist nicht, was unser Verstand über Gott denkt, sondern welches Gottesbild wir in unserem Herzen tragen. Es kann negativ geprägt sein durch die Erfahrungen mit einem unberechenbaren, lieblosen menschlichen Vater; durch nicht erhörte Gebete oder enttäuschte Erwartungen an Gott, durch das manipulierende oder verletzende Verhalten von Christen, die beanspruchten, »im Namen Gottes« zu handeln, oder durch ein gesetzliches Bibelverständnis, das die Froh-Botschaft in eine Droh-Botschaft verkehrt.

Ein häufiger Grund für Enttäuschungen mit Gott ist eine unzutreffende Definition seiner Liebe. Wenn wir erwarten, seine Liebe zeige sich darin, dass er uns das Schwere erspart und das Leiden verhindert, dann machen wir aus ihm einen Verhinderer-Gott. Wie geht er aber mit seinem geliebten Sohn um? Er mutet ihm das unfassbar Schwere der Menschwerdung, der Verfolgung und der Kreuzigung zu. Und auch Paulus, den er zu seinem Abgesandten bei den Heiden berufen hat, lässt er durch unglaublich viel Not und Leiden gehen. Wie können wir das verstehen? Und wie zeigt sich denn Gottes Liebe konkret? Gott ist ein Retter-Gott, der die Not nicht verhindert, ihr aber Grenzen setzt. Er geht mit uns durch die Not hindurch und kommt uns darin zu Hilfe, sodass wir nicht zugrunde gehen (vgl. Röm 5,3–5; 1Kor 10,13). Seine Liebe zu uns und seine Allmacht erweist er darin, dass ohne jede Ausnahme die Verheißung gilt:

Wir wissen aber, dass denen, die Gott lieben,
alle Dinge zum Guten mitwirken (Röm 8,28).

Mitten in der Not kann es schwierig sein, diese Verheißung im Glauben festzuhalten; sie wird sich aber im Nachhinein bestätigen; dies haben wir selber immer wieder erlebt. Wenn wir mitten im Schweren und im Leid im Glauben an dieser göttlichen Zusage festhalten, werden uns die Ereignisse des Lebens nicht von der Liebe Gottes trennen können (Röm 8,35–39). Mitten in der Not wird er dann unsere Zuflucht sein, unser Tröster und unser Ermutiger; seine Liebe hilft uns durch alles hindurch.

Was aber können wir tun, wenn wir feststellen, dass wir ein negatives Gottesbild in unserem Herzen tragen? Gott muss sich uns als der offenbaren, der er wirklich ist. Dafür stehen uns mehrere Wege offen:

- Wir können ihm unser falsches Bild bringen, ihn dafür um Vergebung bitten und ihn einladen, das Gottesbild unseres Herzens durch seinen Geist in uns zu verändern.

- Beim Lesen seines Wortes können wir uns der Korrektur durch die Wahrheit bewusst aussetzen (vgl. Hebr 4,12–13).

- Noch tiefer kann die zurechtbringende Kraft des Wortes Gottes in uns wirken, wenn wir ein heilendes Wort als geistliche Medizin in uns aufnehmen. Der Zuspruch des Propheten Jeremia ist solch ein heilendes Wort: *Ich habe dich je und je geliebt, darum habe ich dich zu mir gezogen aus lauter Güte* (Jer 31,3 | LU). Wir können uns ein solches Wort selber in dreifacher Weise zusprechen; vielleicht etwa so: »Höre, mein Herz, Gott sagt dir: ...« oder »Im Glauben halte ich diese Wahrheit für mich fest: ...« oder »Ich widerstehe dem Widersacher und seinen Lügen über mich; im Namen Jesu gilt: ...« Dies tun wir dreimal täglich, drei Wochen lang. Es ist beeindruckend, welche verändernde Kraft von Gottes Wort ausgeht, wenn wir es in uns wirken lassen.

Jeder von uns hat seine eigene Geschichte, wie sich seine Beziehung zu Gott, dem Vater, dem Sohn, dem Heiligen Geist, entwickelt hat. Mir selber war Jesus zuerst vertraut. Dann fand ich zum Vater und das wurde zu einer umwerfenden Erfahrung der Liebe Gottes. Als Letztes gewann ich Vertrauen zum Heiligen Geist und in seine Gaben (vgl. dazu 1Kor 12,4–11), was meine seelsorgerliche Arbeit völlig umgekrempelt hat. Heute besteht meine Gottesbeziehung also aus drei spezifischen Beziehungen: Jesus ist für mich der Herr geworden und das Haupt seines Leibes, durch den er handeln will in unserer Welt – von ihm empfange ich meine Aufträge. Beim Vater darf ich Kind sein und mein Herz ausschütten – bei ihm tanke ich auf. Der Heilige Geist ist mein Helfer und Ausrüster – er ist der Geist der Sohnschaft und leitet mich im alltäglichen Leben (vgl. Röm 8,14). Welches ist wohl der nächste Wachstumsschritt in meiner Beziehung zum dreieinigen Gott? Wie schön übrigens, dass sie nicht aufeinander eifersüchtig sind! So darf ich mich in einer bestimmten Situation spontan an die eine oder die andere der drei göttlichen Personen wenden, ohne Angst haben zu müssen, an der falschen Adresse zu sein oder die zwei anderen zu betrüben.

Gott lieben

Beziehungen brauchen Pflege; wir müssen uns die Zeit dafür nehmen. In meiner persönlichen Seelsorge tauchte einmal die Frage auf, wer in meinem Leben zu kurz komme. In der Stille vor Gott wurde klar, dass es Gott, der Vater, war. Es hat mich tief berührt, von ihm zu hören: »Wenn du keine Zeit hast für mich, dann fehlst du mir. Könntest du mir pro Tag fünf Minuten schenken, in denen es nicht um Aufträge, sondern nur um unsere Liebesbeziehung als Vater und Sohn geht?« Ich habe vor Freude geweint darüber, dass Gottes Liebe zu mir kleinem Wurm so groß ist, dass er sich nach der Beziehung zu mir sehnt, dass ich ihm fehlen kann. Zu meiner Schande muss ich aber gestehen, dass es weiterhin eine Herausforderung für mich ist, ihm diese fünf Minuten jeden Tag zu schenken.

Jesus lebte ganz aus der Beziehung zum Vater. Durch seine Hingabe drückte er seine große Liebe zu ihm aus. Jesus verbrachte viel Zeit mit dem Vater, hatte seine morgendliche Zeit mit ihm (Mk 1,35) und suchte vor wichtigen Entscheidungen die ganze Nacht hindurch seine Gemeinschaft (Lk 6,12–13). Seine schwersten Stunden – die Nacht im Garten Gethsemane – verbrachte er mit dem Vater (Mt 26,36–46). Bei solchen Gelegenheiten scheint Jesus klare Aufträge von ihm empfangen zu haben (z. B. Lk 19,5). Weil er beim Vater Stillung fand für alle seine emotionalen Bedürfnisse, war er nicht von der Liebe der Menschen abhängig und konnte sie loslassen.

Den Platz, den der Vater im Leben Jesu hatte, den möchte Gott auch in unserem Leben einnehmen. Er will unser Ein und Alles sein, damit wir mit dem Psalmisten sagen können:

Wenn ich nur dich habe,
so frage ich nichts nach Himmel und Erde (Ps 73,25).

Bei ihm dürfen wir unser Herz ausschütten (Ps 62,9), bei ihm findet unsere Seele Frieden und Ruhe (Mt 11,29).

Deshalb ist es von besonderer Bedeutung, dass wir Wege finden, wie wir täglich bei Gott auftanken können, um aus seiner Kraft zu leben. David verwendete dafür den Vergleich mit einem kleinen Kind:

Ich habe meine Seele besänftigt und beruhigt.
Wie ein entwöhntes Kind bei seiner Mutter,
wie das entwöhnte Kind ist meine Seele ruhig in mir
(Ps 131,2 | ZH).

So kommen wir zurück zum Anfang: Die Erfüllung des Auftrages, Gott zu lieben, beginnt damit, dass wir uns von ihm lieben lassen. Es steht ja fest: Er hat uns seine Liebe geschenkt:

Die Liebe Gottes ist ausgegossen in unsere Herzen
durch den Heiligen Geist, der uns gegeben worden ist
(Röm 5,5).

Erst als von ihm Geliebte können wir auch ihn wieder lieben. Nichts kann unsere Liebe zu ihm klarer ausdrücken als unsere

Hingabe, so wie Jesus es uns vorgelebt hat. Dazu fordert Paulus auch die Christen in Rom auf:

Weil Gott so viel Erbarmen mit uns hatte, rufe ich euch zu:
Stellt euer ganzes Leben Gott zur Verfügung!
Bringt ihm euch selbst als lebendiges Opfer dar,
an dem er Freude hat!
So vollzieht ihr den Gottesdienst,
der Gott wirklich gemäß ist (Röm 12,1 | GNB).

Diese Aufforderung erinnert mich an jene junge Frau mit einem geschundenen Leben. Sie sagte, sie könne sich nicht so bedingungslos Gott ausliefern – so viel Vertrauen zu ihm habe sie nicht. Im Gespräch wurde dann deutlich, dass sie Gottes Erbarmen und seine liebevolle Zuwendung noch nie erfahren (oder wahrgenommen) hatte. Wir baten darum, Gott möge ihr seine Wohltaten bis zum nächsten Gespräch offenbar machen. Sie kam dann nach drei Wochen zurück mit einer Liste von über vierzig solcher Erfahrungen. Auf meine Frage, ob Gott sich nun geändert habe, lachte sie: »Nein, ich hatte seine Wohltaten bisher einfach nicht gesehen.« Nun war die Voraussetzung erfüllt, dass sie sich Gott im Gebet ganz hingeben konnte.

Wie steht es bei Ihnen mit der Hingabe Ihres Lebens an Gott als Ausdruck Ihrer Liebe zu ihm?

... und deinen Nächsten wie dich selbst

Seid niemand irgendetwas schuldig,
als nur einander zu lieben!
Denn wer den anderen liebt, hat das Gesetz erfüllt
(Röm 13,8).

Liebesfähigkeit ist unsere ursprüngliche Bestimmung in der Gottesebenbildlichkeit. Sie ist auch das Ziel der Erlösung durch Jesus Christus. Deshalb beantwortet Jesus die Frage nach dem höchsten Gebot mit dem doppelten Liebesgebot: Gott lieben und den Nächsten wie sich selbst (Mt 22,34–40). Stimmt das innere Ziel, das ich mir für mein Leben gesteckt habe, mit dieser göttlichen Bestimmung überein?

Das Wort von Paulus, das ich als Motto gewählt habe, drückt dieselbe Wahrheit aus: Liebe ist das eigentliche Ziel der Zehn Gebote und des Gesetzes; wer liebt, lebt so, wie Gott es gemeint hat. Paulus' Aussage hebt zudem einen wichtigen Aspekt des Gebotes der Nächstenliebe hervor: Liebe zum anderen ist zwar unsere Schuldigkeit, aber wir sind sie eigentlich Gott schuldig – aus Dankbarkeit für seine Liebe zu uns. Auch für die Nächstenliebe sind wir ganz und allein vor Gott verantwortlich, denn sie ist Gottes Auftrag an uns (siehe dazu auch das nächste Kapitel). Das heißt, dass wir die Liebe nicht voneinander fordern können. Der Auftrag der Nächstenliebe bedeutet auch nicht, die Erwartungen der anderen zu erfüllen oder Menschen zufriedenzustellen – weshalb Jesus nicht gegen das Liebesgebot verstößt, wenn er seine Mutter zurückweist (Joh 2,3–4). Nächstenliebe bedeutet einfach, im Auftrag Gottes den anderen gegenüber so zu handeln, wie Gott uns gegenüber handelt, *Nachahmer Gottes zu sein als geliebte Kinder* (Eph 5,1).

Was ist Liebe?

Eine schwierige Frage, die uns alle immer wieder beschäftigt: Was ist Liebe, wie Gott sie meint und selber lebt? Intuitiv erfassen wir, dass Gottes Liebe nicht einfach ein »nettes Gefühl« ist, aus dem heraus er handelt; Gottes Liebe ist mehr. Sie ist der Ausdruck seiner ganzen Person. Im Gegensatz zu uns, die wir mehr oder weniger Liebe *haben*, _ist_ Gott Liebe (1Joh 4,16). *Alles*, was er tut, auch wenn es nicht unserer Vorstellung von liebevollem Handeln entspricht, geschieht aus Liebe. Weil Liebe seine Natur ist, kann er nicht anders. Gottes Liebe ist also viel mehr als ein Gefühl. Wir spüren, wie schwierig es für uns ist, die Wahrheit über Gottes Liebe zu begreifen.

Um besser zu erfassen, wie die Liebe Gottes ist, können wir uns fragen, wie Gott den Menschen gegenüber handelt. Auch das Leben Jesu, wie es uns die Evangelien schildern, vermittelt uns reichen Anschauungsunterricht. Dabei entdecken wir, dass Gott schöpferisch und einmalig handelt. Es gibt aber auch gewisse Dinge, die er immer tut, und andere, die er nie tut.

Zur Anregung für Ihre eigenen Entdeckungen nenne ich einige Beispiele: Gottes Liebe lässt uns immer frei; er bleibt uns zugewandt, auch wenn wir uns von ihm abwenden; er hält das Leiden aus, das daraus für ihn entsteht. Er manipuliert uns nie und setzt nie ungute Mittel ein, um uns zu unserem Glück zu zwingen (bei ihm heiligt der Zweck *nicht* die Mittel). In seiner Liebe sind immer zwei Dinge vereint:

- Seine Kompromisslosigkeit der Sünde gegenüber: Gott ändert seine Maßstäbe nicht; er wird Sünde nie verharmlosen oder tolerieren, weil er nicht will, dass wir uns und andere zugrunde richten. Als unser Schöpfer weiß er ja, was die Entfaltung seines Lebens in uns fördert – das ist das Gute (z. B. die Zehn Gebote) – und was sein Leben in uns hindert und uns und andere zerstört – das ist die Sünde.

- Seine Barmherzigkeit und Gnade, die uns zurückführen wollen in seine Ordnungen. Ein Beispiel dafür sehen wir in Jesu Umgang mit der Ehebrecherin (Joh 8,7–11).

Für die Umschreibung der Liebe Gottes gibt es in seinem Wort einige bewegende Stellen. Ich denke etwa an Psalm 23 und das Bekenntnis Jesu: »Ich bin der gute Hirte« (Joh 10,1–17), an das Gleichnis vom verlorenen Sohn (Lk 15,11–32) oder an das »Hohelied der Liebe« (1Kor 13,4–7), wo uns Gottes Liebe als Modell und Ziel vor Augen gestellt wird. Wenn Sie tiefer eindringen wollen in das Verständnis von Gottes Liebe und Sie von ihm lernen möchten, können Sie sich mit diesem Wort auseinandersetzen, indem Sie es zwei Mal laut für sich lesen. Das erste Mal setzen Sie vor jede Aussage: »Gottes Liebe ist ...« Das zweite Mal: »Ich will, dass meine Liebe ... wird.«

Für die göttliche Liebe, zu der auch wir beauftragt sind, wird im Neuen Testament das Wort »Agape« verwendet (siehe Anhang). Die Agape-Liebe umschreibe ich als die unabhängige Liebe, weil sie nicht durch das Verhalten des Gegenübers hervorgerufen oder bestimmt wird. Der Grund für die Agape-Liebe liegt allein und ganz im Herzen dessen, der liebt. Das Gegenüber muss und kann diese Liebe nicht verdienen; es kann sie auch nicht verhindern. Es behält aber die Freiheit, sie anzunehmen und zu beantworten – oder sich ihr zu verweigern. Diese Liebe sehnt sich zwar nach der liebenden Antwort des Gegenübers, lässt es aber frei; sie gibt sich hin bis in den Tod, ohne etwas zurückzufordern. Nur wer stark ist, kann so lieben. Denn wer so liebt, macht sich verletzlich. Wie aber kommen wir dazu, unsere Nächsten so zu lieben? Wir wissen, dass wir dazu aus uns heraus unfähig sind.

Wie wir lieben können

Es ist uns klar, dass wir diesen göttlichen Auftrag nicht aus eigener Kraft erfüllen können. Aber was können wir dann tun? Besonders ermutigend ist für mich hier das Wort von Paulus im Galaterbrief, wo die Agape-Liebe als Frucht des Heiligen Geistes umschrieben wird:

Die Frucht des Geistes aber ist: Liebe, Freude, Friede, Langmut, Freundlichkeit, Güte, Treue, Sanftmut, Selbstbeherrschung ... (Gal 5,22f).

Ist es nicht aufschlussreich zu sehen, woraus die *eine* Frucht, die Liebe, zusammengesetzt ist? Die notwendigen Zutaten haben einerseits etwas mit Gefühlen zu tun wie Freude und Friede; anderseits ist der Einsatz unseres Willens gefordert, wie zum Beispiel bei Selbstbeherrschung und Treue. Güte und Sanftmut würden wir eher als Charaktereigenschaften umschreiben. Dies macht noch einmal klar, dass auch bei uns Menschen die ganze Person beteiligt sein muss, wenn es um Liebe geht. Das Entlastende an dieser Aussage ist nun, dass der Heilige Geist diese Frucht am Baum unserer Person wachsen lassen will. Haben Sie schon jemals einen Baum gesehen, der sich Mühe gibt? Was ein Baum braucht, um Frucht zu tragen, sind Licht und Wasser, und beides ist eine Frage des Standortes. In Psalm 1 werden wir ermutigt, unseren Standort an Gottes Wasserbächen zu wählen, um fruchtbar zu sein. Und in Psalm 89,16–17 werden die gepriesen, die im Licht von Gottes Angesicht leben. Im Licht Gottes zu leben, bewirkt Frucht (vgl. Eph 5,9). Hier zeigt sich, was wir tun können: Wir können unseren Standort wählen und damit entscheiden, ob wir die Frucht des Geistes in uns wachsen lassen wollen oder nicht.

Wozu Gott uns beauftragt, das will er uns auch schenken. Mit der Frucht des Geistes sind Gottes Angebote aber noch nicht erschöpft. In Kolosser 3,14 schreibt Paulus: *Zieht die Liebe an, die das Band der Vollkommenheit ist!* Vor einigen Jahren ist mir anhand dieses Verses bewusst geworden, dass Gott einen »Kleiderschrank« hat, aus dem ich mir alles holen kann, was mir fehlt. In meiner Aufgabe als Seelsorger war die Liebe die Voraussetzung für alle Hilfe. So war ich immer wieder darauf angewiesen, vor gewissen Gesprächen im Gebet die mir fehlende Liebe im göttlichen Kleiderschrank zu holen und sie über meine Lieblosigkeit anzuziehen. Und – o Wunder! – es »funktionierte« wirklich. Unter dem Kleid der göttlichen Liebe wuchs sogar meine eigene Liebesfähigkeit diesen Menschen gegenüber von Mal zu Mal. In Gottes Kleiderschrank hängen auch die anderen Zutaten der Liebe, wie Geduld, Langmut usw.

Dies hat mit dem unfassbar großen Grund-Geschenk Gottes an uns zu tun: der neuen Schöpfung. Die Fähigkeit zu lieben gehört zur Ausstattung des neuen Menschen, den wir durch unsere Hinwendung zu Jesus eigentlich schon angezogen haben (Eph 4,22–24; Kol 3,8–10). Wachsen in der Liebesfähigkeit bedeutet also einfach, in der Realität unserer Beziehungen und unseres Lebens immer mehr zu dem zu werden, was wir in Jesus Christus bereits sind.

Hindernisse beseitigen

Auf diesem Weg des Wachsens gibt es Hindernisse zu überwinden. Dies kann am Bild des Röhrensystems aus dem vorherigen Kapitel veranschaulicht werden (S. 24). Gewisse innere Haltungen können wie Engstellen oder Flaschenhälse im System wirken, die den Liebesdurchfluss behindern. Wir haben bereits gesehen, dass ein negatives Gottesbild einen solchen Engpass schafft. Die Auswirkungen eines solchen Flaschenhalses sind offensichtlich: Wer nicht viel von Gottes Liebe aufnehmen kann, durch den kann auch nicht viel weiterfließen. Die Regel ist einleuchtend: Die engste Stelle im System bestimmt, wie viel Liebe zum Du fließen kann.

Im doppelten Liebesgebot stoßen wir ganz nebenbei auf einen Flaschenhals, der gerade auch bei Christen recht häufig vorkommt: die Selbstbeziehung. *Du sollst deinen Nächsten lieben wie dich selbst* (Mt 22,39) – hier sind einige wichtige Aussagen enthalten. Die positive Selbstbeziehung ist für Jesus eine Selbstverständlichkeit, über die er keine weiteren Worte verliert. Es scheint für ihn normal zu sein, dass ein Mensch zu sich selbst eine positive Beziehung hat. Dies zeigt sich auch in der Art, wie Jesus über sich selbst spricht: ohne Hochmut und Stolz, aber mit einem klaren Selbstbewusstsein. Diese ehrliche und positive Selbstbeziehung begegnet uns auch bei Paulus in seinen Briefen. Die Formulierung des göttlichen Gebotes lässt sich nun so verstehen: Mehr Nächstenliebe kann man von keinem Menschen erwarten, als durch seine Selbstbeziehung ermöglicht wird. Die Erfahrung in der Begleitung von Menschen bestätigt diese Aussage. Deshalb kommt Walter Trobisch zur paradoxen Formulierung: »Wer sich selbst nicht liebt, ist ein Egoist« (Trobisch: Liebe, S. 16). Wer eine negative Beziehung zu sich selbst hat, kann sich nicht loslassen; er kreist in seinem Denken in negativer Art ständig um sich selbst und wird dadurch zum Zentrum seines inneren Universums.

Gibt es Freisetzung aus einer negativen Bindung an sich selbst? Der beste Weg besteht darin, dass unsere Selbstbeziehung von Gott her verändert wird. Wenn wir verstehen, dass unser Selbstbild sich durch die Rückmeldungen geformt hat, die für uns wichtige Menschen über uns gemacht haben, so wird auch klar, wie unser Selbstbild sich verändern kann. Wenn ein Mensch sich im Spiegel der Augen Gottes sehen lernt, dann sieht er sich selbst mit der realistischen Liebe Gottes. Und genau das wäre das Ziel: Dass wir uns so sehen lernen, wie Gott uns sieht; das ist die Selbstliebe, welche für die Nächstenliebe die besten Voraussetzungen schafft.

Am Bild des Röhrensystems lassen sich aber noch andere Hindernisse aufzeigen, die unsere Liebesfähigkeit einschränken:

- Schuld, die wir anderen Menschen nicht vergeben haben, ist wie eine Schmutzablagerung im Kanal zum Du hin. Unsere eigene unbereinigte Schuld verengt oder verschließt den Kanal zu Gott hin. Vergebung empfangen und anderen vergeben ist also ein göttliches Kanalreinigungs-Angebot.

- Unverarbeitete schwierige Erfahrungen und ungeheilte Verletzungen können den Kanal in allen drei Beziehungsdimensionen einengen: Was uns zum Beispiel als Kind angetan worden ist, kann zu einem negativen Gottesbild beitragen und auch unsere Liebesfähigkeit anderen gegenüber einschränken (vgl. die Ausführungen zum Gesetz der Perpetuierung im Kapitel »Von Jesus Christus lernen«, S. 18).

- Auch ungute seelische und geistliche Erbschaften (z. B. Jähzorn, Rebellion gegen Gott usw.), ungute Beziehungsmuster, die wir von unseren nächsten Bezugspersonen abgeschaut und übernommen haben, und negative Charakterzüge (z. B. Kritiksucht) schaffen Hindernisse für den Liebesfluss.

Gottes Plan der Erlösung und alles, was Jesus Christus am Kreuz für uns getan hat, verfolgt letztlich das eine Ziel: Das Liebesfluss-System in unserer Person soll wiederhergestellt, gereinigt und erweitert werden. Jesu Worte am Kreuz: *Es ist vollbracht!* (Joh 19,30) bedeuten deshalb auch: Ich habe alles für die Freisetzung und Heilung deiner Person getan, damit du nach dem Willen des Vaters lieben kannst.

Genau das will Gott portionsweise und wachstümlich in uns geschehen lassen; Gott ist ein Meister in der »Kunst der kleinen Schritte« (siehe S. 126).

Wenn wir uns nochmals bewusst machen, was Gott alles getan hat, damit wir unserer Bestimmung gemäß leben können, erkennen wir, wie wichtig ihm dieses Ziel ist: Er hat den Anschluss an Gott als Liebesquelle ermöglicht; durch die Neuschöpfung befähigt er uns zum Guten; er stellt uns die Liebe als vorbereitetes Werk zur Verfügung, als Kleid aus seiner Garderobe, als Frucht des Heiligen Geistes; er heilt unser »Röhrensystem« und stellt uns mit der Vergebung einen effizienten Röhrenputzer zur Verfügung. Damit aber nicht genug: Aus der Art, wie Gott seine Beziehungen lebt, lassen sich zusätzliche Hilfestellungen für gelingende mitmenschliche Beziehungen ableiten; darum soll es im nächsten Kapitel gehen.

Konzepte für unsere Beziehungen

Wenn jemand sagt: Ich liebe Gott, und hasst seinen Bruder,
ist er ein Lügner.
Denn wer seinen Bruder nicht liebt, den er gesehen hat,
kann nicht Gott lieben, den er nicht gesehen hat.
Und dieses Gebot haben wir von ihm, dass, wer Gott liebt,
auch seinen Bruder lieben soll (1Joh 4,20f).

D ies ist ein klares, herausforderndes Wort! Es zeigt in unmissverständlicher Weise auf, dass alle drei Beziehungsdimensionen (vgl. dazu das Röhrensystem, S. 24) unauflöslich zusammengehören. So wie eine positive Beziehung zu uns selber die Voraussetzung ist für die Nächstenliebe, soll diese wiederum Ausdruck unserer Liebe zu Gott sein.

Das Beziehungsdreieck

Diese Zusammenhänge lassen sich am besten am Konzept des Beziehungsdreiecks aufzeigen. Damit möchte ich wesentliche Aspekte unserer Beziehungen bild- und gleichnishaft veranschaulichen. Ich möchte aufzeigen, wie der Liebesfluss in den Beziehungen ermöglicht und bewahrt werden kann.

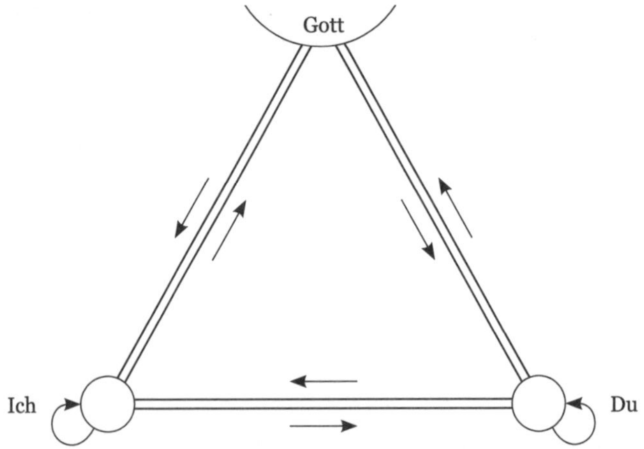

Abb. 2: Das Beziehungsdreieck

Das Beziehungsdreieck verdeutlicht Gottes ursprünglichen Gedanken, zwischen sich, dem Einzelnen und seinem Nächsten einen Liebes-Kreislauf einzurichten, in dem ihm gleichsam die Rolle des Herzens zukommt. Das erste Beziehungsdreieck bildete Gott mit Adam und Eva. Im Sündenfall ist diese erste Dreier-Liebeseinheit zerbrochen (1Mo 3,8–10.12.16). Gemäß dem Gesetz der Perpetuierung wird der Zerbruch des Liebesfluss-Systems von nun an von Generation zu Generation weitergegeben. Er betrifft sowohl die Gottesbeziehung als auch die mitmenschlichen Beziehungen. Seine Wiederherstellung ist das Ziel der Erlösung.

Wie können wir unsere mitmenschlichen Beziehungen nun aber ganz praktisch leben?

Gott seinen Platz geben

Das erste göttliche Angebot heißt: »Nimm mich in jede deiner Beziehungen als ersten Partner mit hinein; lass mich der Motor und die Liebesquelle sein; trag die Verantwortung für deinen Teil der Beziehung vor mir allein!« Dies gilt für alle meine Beziehungen, für die zu meiner Frau, zu jedem unserer Kinder, zu meinen Mitarbeitern, zu einem Vorgesetzten und zum Polizeibeamten, der Strafzettel verteilt. Wenn Sie Gottes Angebot annehmen möchten, sollten Sie in zwei bis drei Beziehungen damit beginnen, indem Sie über dieser Beziehung das Dreieck aufrichten und Gott im Gebet seinen Platz an der Spitze übergeben. Aufgrund Ihrer ersten Erfahrungen können Sie diesen Schritt dann auch für andere Beziehungen tun.

Wenn wir Gott in einer Beziehung seinen Platz geben, stellt er sich in doppelter Weise zwischen uns – verbindend *und* trennend. Er wird aber immer dahin wirken, dass die Liebe weiter oder wieder fließen kann. In schwierigen Momenten der Beziehung können wir dann unser Herz bei ihm ausschütten; er versteht uns und tröstet uns. Er wird uns aber auch, wenn wir ihm das Recht dazu geben, auf unseren Anteil hinweisen und uns herausfordern, zum Beispiel unserem Zorn nicht Raum zu geben (Eph 4,26f), dem Gegenüber siebzigmal siebenmal zu vergeben (Mt 18,21f), den Schritt zum anderen hin neu zu wagen, sich beim Gegenüber zu entschuldigen, den anderen bedingungslos anzunehmen (Röm 15,7 | LU), alle Menschenfurcht abzulegen (Hebr 13,6; 2Tim 1,7; 1Joh 4,18) und den Frieden zu suchen (Röm 12,17–19). Er geht also nie eine Koalition mit uns ein gegen das Gegenüber, weist uns aber auf unsere eigene Verantwortung hin und bewirkt immer das, was die Beziehung aufbaut. Wenn nötig, stellt er sich aber auch trennend zwischen uns und unser Gegenüber, indem er uns beispielsweise zu schweigen gebietet oder uns zum Rückzug rät als dem kleineren Übel; er unterbindet die Spirale des Bösen; er schützt den anderen vor unserer Aggression.

Im Dreieck eröffnet sich uns zudem ein zweiter Kommunikationsweg zum Nächsten: der Weg »obenherum«. Dieser schützt die Beziehung, weil das, was wir über Gott zum Nächsten schicken, durch die göttliche »Kläranlage« fließt. Dort wird alles herausgefiltert, was der Liebe und den Gedanken Gottes nicht gemäß ist. Die Kraft dieses Weges haben viele Menschen, mit denen ich seelsorgerlich gearbeitet habe, in eindrücklicher Weise erlebt. Beispielsweise jene Frau, die eines Tages kam und sagte, sie sei ein wenig eifersüchtig auf Gott. Seit sie ihre jahrelangen, nutzlosen Versuche, ihren Mann durch ihre Reaktionen und Worte zu verändern, aufgegeben und ihre Wünsche an Gott weitergegeben habe, beginne ihr Mann wirklich, sich zu verändern…

Was sollte sinnvollerweise obenherum und was untenherum kommuniziert werden? Was der Liebe gemäß ist, was dem Austausch von Anteilgeben und -nehmen dient und was den anderen erfreut, ermutigt und aufbaut – das gehört in die horizontale Kommunikation. Alles, was den anderen herabwürdigen, entmutigen oder hilflos machen könnte, ihn anschuldigt oder nach meinem Bild zu verändern versucht, sollten wir Gott sagen. Wenn wir unsicher sind, wo etwas hingehört, können wir es im Zwiegespräch mit Gott klären; er rät uns hier gerne!

Kommunikation

Was in der horizontalen Kommunikation entmutigend und verletzend ist, sind oft nicht die angesprochenen Inhalte, sondern die Art, wie wir uns ausdrücken. Wenn wir unsere Gedanken und Empfindungen als Teil unseres eigenen Erlebens in der Form von »Ich-Botschaften« ausdrücken, wirken sie nicht verletzend oder überheblich.

Ein Beispiel: »Du machst mich wütend! Mit dir kann man nicht reden!« ist eine verletzende Du-Botschaft, mit der ich die Schuld für meine Emotionen und das Misslingen des Gesprächs dem Gegenüber anhänge; zudem verlange ich indirekt, dass er sich verändern müsse. Mit einer ehrlichen Ich-Botschaft dagegen handle ich eigenverantwortlich und konstruktiv: »Ich merke, dass ich wütend werde. Ich möchte jetzt zuerst wieder mit mir selber klarkommen, bevor wir weiterreden.«

Das Gleiche gilt für unsere Wünsche. Wenn wir sie nicht als Forderung oder Bedingung formulieren, können wir alles ausdrücken, ohne dass unser Gegenüber dadurch unter Druck gerät oder seine Freiheit verliert. Durch das Äußern unserer Wünsche erteilen wir ihm gleichsam die Freiheit, darauf einzugehen oder nicht; oder es nutzt die Gelegenheit und drückt seine eigenen Wünsche aus.

Auch hierzu ein Beispiel: Der Spaziergang-Wunsch. Viele Männer tendieren dazu, ihre Bedürfnisse zu verobjektivieren, statt sie als Wunsch zu formulieren: »Alle Ehebücher betonen die Wichtigkeit der gemeinsamen Spaziergänge.« Manche Frauen neigen dazu, ihre eigenen Wünsche dem Partner anzuhängen: »Du hast nach einem langen Arbeitstag doch sicher Lust auf einen gemeinsamen Spaziergang.« Stattdessen könnten wir ganz einfach sagen: »Ich möchte gerne mit dir ...« Welches sind Ihre eigenen Tendenzen?

Es ist also wichtig, ein Bedürfnis als persönlichen Wunsch zu äußern und auf eine objektive, moralische oder gar biblische Begründung zu verzichten. Wenn wir auf einen Wunsch des anderen nicht eingehen wollen, sollten wir den Mut haben, das direkt zu sagen, statt ihn durch eine negative Bewertung abzutun oder gar lächerlich zu machen. Wir merken: Im Umgang mit unseren Bedürfnissen und Gefühlen braucht es Mut und Ehrlichkeit.

Eine für unsere Beziehungskompetenz wichtige Fähigkeit umschreibe ich mit dem Ausdruck »Flexibilität«. Für Flexibilität ist die grundsätzliche Bereitschaft nötig, sich auf den anderen einzulassen, und den anderen in seinen Wünschen und Bedürfnissen ebenso ernst zu nehmen wie mich selbst (vgl. Phil 2,4). Flexibilität ist die Fähigkeit, sich so auf die Wünsche des anderen einzulassen, dass ich dabei selbst einen Gewinn davontrage.

Ich erinnere mich noch an die Situation vor vielen Jahren, wo ich mir dieser Fähigkeit zum ersten Mal bewusst geworden bin: An einem Sonntagabend äußerte meine Frau den Spaziergang-Wunsch. Ich hatte mir den Abend anders vorgestellt: Noch etwas Musik hören – ein Lese-Genuss... Ich hätte nun einfach Nein sagen können, ließ mich dann aber in meinen Gedanken auf ihren Vorschlag ein. Schnell wuchs in mir die Freude: »Das könnte eigentlich noch schön sein!« Nun konnte ich in Freiheit entscheiden und wählte den gemeinsamen Spaziergang. Meine Frau war erstaunt, mit welcher Freude ich dabei war. Wenn ich lediglich eine lästige Pflicht abgehakt hätte oder nur ihr zuliebe mitgegangen wäre, hätte auf unserem Spaziergang eine andere Stimmung geherrscht.

Flexibilität können wir lernen. Sie ist eine wichtige Komponente unserer Beziehungsfähigkeit.

Eigenverantwortlichkeit

Ein zentrales Konzept, dem wir immer wieder begegnet sind, wollen wir noch etwas besser verstehen: die Eigenverantwortlichkeit. Sind Sie bereit, für alles, was Sie empfinden und tun, in vollem Umfang die Verantwortung vor Gott und den Menschen zu übernehmen und auf jede Schuldverschiebung und jede Rechtfertigung durch »mildernde Umstände« zu verzichten? Dann sind Sie fähig, eigenverantwortlich zu leben. Dies kann nur, wer akzeptiert hat, dass Menschsein unausweichlich mit Schuld verbunden ist, und gelernt hat, aus Gottes Gnade und seiner Vergebung zu leben. Man muss sich seiner Schuld ehrlich stellen können, also »schuldfähig« sein, um eigenverantwortlich im Leben stehen zu können. Wenn Sie an Ihre Bekannten denken, spüren Sie rasch, wer so lebt, und merken auch, wie einfach die Beziehungen mit diesen Menschen sind. Die Feigheit der Schuldverschiebung gehört seit dem Sündenfall zum Menschen (vgl. 1Mo 3,11f). Eigenverantwortlich zu leben, ist eine große Herausforderung für uns. Sie bringt uns aber auch großen Gewinn: Sie klärt die Verantwortlichkeiten, löst uns aus den beziehungsmäßigen Verstrickungen heraus und ermöglicht den Liebesfluss.

Zwei bildhafte Konzepte machen deutlich, wie sich die Eigenverantwortlichkeit in unseren Beziehungen konkret umsetzen lässt und welches ihre Auswirkungen sind:

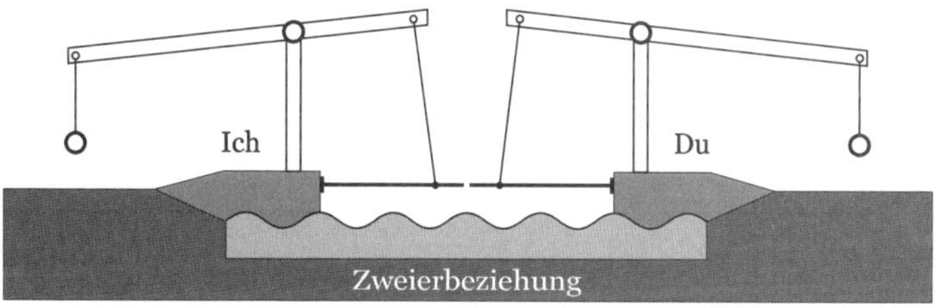

Ich   Du

Zweierbeziehung

Abb. 3: Die holländische Brücke

Die Abbildung stellt eine holländische Kanalbrücke dar, deren Hälften unabhängig voneinander bewegt werden können. Erkennen Sie, welche Botschaft dieses Bild bezüglich der Eigenverantwortlichkeit in unseren Zweierbeziehungen enthält?

Das zweite Bild stellt eine Autobahn dar mit ihren zwei durch einen begrünten Mittelstreifen getrennten Fahrbahnen. Dieser und die Leitplanken ermöglichen es, dass der Verkehr auf der einen Seite den Verkehr auf der anderen nicht beeinträchtigt. Im Vergleich zu einer Landstraße ist die Kollisionsgefahr bei getrennten Fahrbahnen viel geringer.

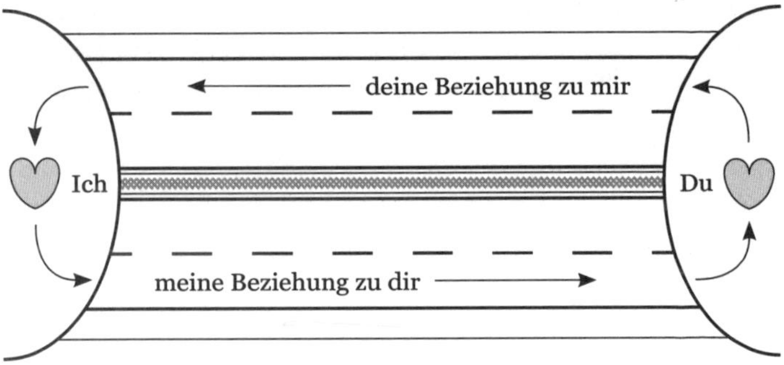

Abb. 4: Die Beziehungsautobahn

Beide Bilder machen ähnliche Aussagen. Sie zeigen auf, dass jede Zweierbeziehung eigentlich aus zwei einzelnen Beziehungen zusammengesetzt ist. Je klarer diese im Sinne der »unabhängigen Liebe« entflochten sind, desto unkomplizierter ist das Miteinander und desto mehr Liebe kann hin und her fließen. Was ermöglicht uns diese Entflechtung?

Das Bild der Autobahn drückt aus, dass es in einer Beziehung 200 Prozent Verantwortung gibt: Jeder Partner ist im Sinne der Eigenverantwortlichkeit 100 Prozent verantwortlich für seine Beziehung zum Du, für alles, was er sagt, tut oder unterlässt. Diese Verantwortung trägt jeder vor Gott. Für das aber, was beim Du dadurch ausgelöst wird, ist er nicht verantwortlich.

Wenn wir diese Tatsache ernst nehmen, können wir gemäß dem Satz von Matthias Claudius handeln: »Tue das Gute vor dich hin und bekümmer dich nicht, was daraus werden wird« (Claudius: Johannes, S. 8). Der schützende Mittelstreifen besteht also darin, dass wir uns für unsere Fahrbahn ganz verantwortlich wissen und von Gott her zu verstehen suchen, was »das Gute« sein könnte. So hören die komplizierten inneren Erwägungen auf, welche Wirkungen meine Worte oder Taten beim Du hervorrufen könnten. Diese Haltung ist Ausdruck der Freiheit, welche die Liebe ermöglicht; sie hat nichts zu tun mit der lieblosen, egoistischen Einstellung, die hinter der Aussage steckt: »Das ist dein Problem!«

Verdauen lernen

Mit dieser Einstellung ist aber auch ein Auftrag verbunden. Wir müssen es lernen, mit dem, was vom Du auf uns zukommt, konstruktiv umzugehen, damit wir ihm weiterhin in Liebe begegnen können. Hier hat unser Herz Arbeit zu leisten, die ich in Analogie zur Funktion unseres Magens als »Verdauung« umschreibe. Von unserem Körper können wir die Kunst lernen, aus allem Aufbaustoffe zu gewinnen und die Schadstoffe zu entsorgen. Wie geschieht diese Verdauungsarbeit ganz praktisch?

- Zuerst müssen wir uns dafür entscheiden, das Erlebte nicht zu verdrängen, sondern uns der schmerzhaften Erfahrung zu stellen. Wir müssen bereit sein, ehrlich wahrzunehmen, wie es uns jetzt geht.

- Damit kommen wir vor Gott und lassen unseren Gefühlen vor ihm freien Lauf; vielleicht erfahren wir auch seinen Trost (2Kor 1,3f). So folgen wir Davids Rat: *Schüttet euer Herz vor ihm aus! Gott ist unsere Zuflucht* (Ps 62,9). Es ist wichtig, dass wir den Sack *ganz* vor ihm ausschütten.

- Dadurch breiten wir zunächst alles vor Gott aus. Nun können wir die verschiedenen Gefühle und Gedanken aussortieren: Welches sind die zerstörerischen Gefühle, die es als Giftstoffe zu entsorgen gilt? Was muss ich dem anderen vergeben? Wo habe ich selbst falsch gehandelt oder lieblos reagiert? Welche Lehren kann ich aus dieser Erfahrung ziehen?

- Als Nächstes entsorgen wir unsere zerstörerischen Gefühle wie Rachegelüste, Hass, Neid, Selbstmitleid, Minderwertigkeit und so weiter. Wir werfen sie zu Jesus hin und bitten um Reinigung.

- Nun räumen wir unsere Anklagen gegen die anderen aus und vergeben ihnen Punkt für Punkt. Wir entlassen sie, und sie sind uns jetzt nichts mehr schuldig. Diesem Schritt der Vergebung wollen wir auch später treu bleiben, wenn die Erinnerungen wieder hochkommen und die Anklagen neu aufsteigen wollen.

- Wir anerkennen und bekennen unsere eigene Schuld und bitten Gott Punkt für Punkt um Vergebung dafür. Das Geschenk seiner Vergebung anzunehmen bedeutet, dass wir uns auch selber vergeben.

- Überall, wo wir Veränderung brauchen, dürfen wir das alte Verhalten nun ablegen und das zur Neuschöpfung gehörende anziehen (vgl. dazu Kol 3,8–10).

- Jetzt, da die Verdauungsarbeit geleistet ist, können wir uns versöhnen mit dem, was geschehen ist, und seinen Konsequenzen. Nun gilt über dem Erlebten Gottes Verheißung: *Denen, die Gott lieben, [wirken] alle Dinge zum Guten mit* (Röm 8,28).

Durch die innere Verdauungsarbeit, die wir mit Gottes Hilfe ohne Vorleistung des Gegenübers getan haben, ist die Beziehung von unserer Seite her wieder bereinigt. Im Bild der holländischen Brücke ausgedrückt heißt das: Ich lasse meine Brückenhälfte, die ich im Konflikt hochgezogen habe, aufgrund der inneren, einseitigen Bereinigung der Beziehung wieder herunter und signalisiere dem Gegenüber, dass ich erneut beziehungsbereit bin. Es ist wichtig, dass wir einander Zeit lassen für diesen inneren Weg. Erst wenn beide die Herzens-Arbeit geleistet haben, können wir auf gute Art über das Vorgefallene sprechen, ohne dass dadurch neue Verletzungen entstehen. Jetzt können wir uns miteinander versöhnen.

Was der Entflechtung dient

Entflechtung vereinfacht unsere Beziehungen und ermöglicht mehr Liebe. Zur Eigenverantwortlichkeit und den Konzepten der holländischen Brücke und der Autobahn möchte ich noch drei weitere Hilfen aufzeigen. Die erste heißt »**Barmherzigkeit**«.

Inmitten des unvorstellbaren Leidens, das Jesus Christus am Kreuz getragen hat, fand er noch die Kraft, fürbittend für seine Feinde beim Vater einzutreten:

Vater, vergib ihnen! Denn sie wissen nicht, was sie tun
(Lk 23,34).

Was mich beeindruckt, ist der zweite Satz. Er ist Ausdruck der größten Barmherzigkeit, zu der ein Mensch fähig ist. Er drückt aber auch eine Tatsache aus, die sowohl für uns als auch die anderen oft gilt: Wir sind uns der Tragweite unseres Handelns und der Konsequenzen, welche es für andere hat, häufig gar nicht bewusst. Wir haben wohl alle selber schon mit Schrecken erlebt, welch schwere Folgen unser eigentlich gut gemeintes Handeln für andere schließlich hatte. Wenn wir uns dieser Tatsache bewusst sind, kann uns das vor der Tendenz bewahren, den anderen gleich böse Absichten zu unterschieben; es lässt uns barmherzig werden und erleichtert uns das Vergeben.

Noch aus einem anderen Grund stehen wir in der Gefahr, unser Gegenüber vorschnell zu beschuldigen. Ausgelöst werden solche Gedanken durch Erfahrungen, die wir in Beziehungen gemacht haben. Ich umschreibe dieses Muster als die »**Interpretationsfalle**«. Das Erleben einer alleinstehenden Person, welche in ihrem Leben viel Verletzendes erlebt hatte, macht den inneren Mechanismus deutlich: Als sie an dem Ort ankam, wo ihr Hauskreis sich traf, waren schon zwei andere Personen dort und unterhielten sich. Diese brachen ihr Gespräch sofort ab, als sie dazu kam. Nun setzte die innere Spirale ein: »Sie haben sicher über mich gesprochen ... Sie mögen mich wohl gar nicht ... Wer mag mich schon? ... Soll ich überhaupt noch in den Hauskreis gehen? ... Ich bin allen zu viel ... Es sollte mich eigentlich gar nicht geben ...« Aus der inneren Verletzung heraus reagierte sie sehr gehässig, wenn eine der beiden Personen sich im Austausch äußerte, und griff sie an. Dies verletzte die beiden sehr. Zu Hause hatten alle Beteiligten viel Herzens-Verdauungsarbeit zu leisten! Beim nächsten Treffen klärte sich alles: Man feierte ihren Geburtstag, den die beiden zu Beginn des letzten Treffens miteinander vorbereitet hatten.

Die Interpretationsfalle besteht also darin, dass wir Ereignisse oder Aussagen nicht einfach als Tatsachen stehen lassen (»Sie haben aufgehört, miteinander zu sprechen«), sondern sie interpretieren (»Es ist meinetwegen ... Es ist gegen mich gerichtet ...«). In der Arbeit mit Ehepaaren bin ich diesem Mechanismus nachgegangen und habe eine beeindruckende Feststellung gemacht: Wir haben die Tendenz, von allen möglichen Interpretationen (Ihr Gespräch war gerade zu Ende ... Sie redeten über etwas sehr Privates ... Sie wollten nicht, dass ich etwas davon erfahre ... Sie redeten über mich ... Sie redeten negativ über mich ...) die für uns verletzendste auszuwählen. Wenn man beim Gegenüber dann nachfragt, stellt sich meistens heraus, dass der Grund seines Verhaltens innerlich-persönlicher Art war und gar nichts mit dem anderen oder der Beziehung zu tun hatte. Das bedeutet, dass wir uns viele innere Verletzungen durch die Interpretationsfalle selber zufügen. Wir müssen Menschen immer wieder Dinge vergeben, die sie uns gar nicht getan haben. Es wäre für unsere Beziehungen ein großer Segen, wenn wir einfach die Tatsachen wahrnehmen und auf deren Interpretation verzichten könnten!

Es gibt noch eine weitere negative Tendenz in uns, durch die viel Not und Verletzung in unsere Beziehungen kommt: das **Richten**. Jesus möchte uns vor den negativen Folgen, die es auch für den hat, der richtet, bewahren. Deshalb formuliert er es als Gebot:

> *Richtet nicht, damit ihr nicht gerichtet werdet!*
> *Denn mit welchem Gericht ihr richtet,*
> *werdet ihr gerichtet werden,*
> *und mit welchem Maß ihr messt,*
> *wird euch zugemessen werden* (Mt 7,1f).

Richten ist ein Akt der Überheblichkeit, weil wir uns ein Urteil anmaßen über andere Menschen. Der einzige Gesetzgeber und Richter aber, der die Absichten der Herzen kennt, ist Gott (vgl. Jak 4,12). Sogar Jesus maßt sich nicht an zu richten – auch in diesem Bereich kann er nichts aus sich selbst tun (Joh 5,30). Jesu Warnung ist deutlich: Wehe uns, wenn Gott uns mit den gleichen unbarmherzigen Maßstäben richtet, wie wir es mit den anderen tun! Jesus weist seine Jünger auch darauf hin, dass unsere eigene Ungerechtigkeit unser Urteil über die anderen verzerrt: *Heuchler, zieh zuerst den Balken aus deinem Auge!* (Mt 7,2–6). Paulus macht dazu in Römer 2,1 noch die psychologisch zutreffende Aussage, dass wir mit unserem verurteilenden Verhalten häufig die eigenen Schwächen in den anderen bekämpfen. Um uns dieser inneren Tendenz entgegenzustellen, brauchen wir eine klare Entscheidung und viel Selbstbeherrschung.

Die Beziehungsformel

Nächstenliebe ist für uns Menschen eine große Herausforderung. Eine weitere Hilfestellung bietet hier das Konzept der Beziehungsformel.

$$F \quad + \quad Z \quad = \quad L$$

Freiheit und Zuwendung ermöglichen die Liebe

Die Beziehungs-Formel drückt die Tatsache aus, dass wir nur so weit lieben können, wie wir frei sind. Dies ist das Geheimnis der göttlichen Liebe zu uns: Gott ist uns gegenüber völlig frei, er ist uns zu gar nichts verpflichtet; deshalb kann er uns so bedingungslos lieben. Weil Gott sich danach sehnte, von seinen Geschöpfen zurück-geliebt zu werden, ist er das Risiko eingegangen, ihnen die Freiheit zu schenken. Durch den einen Baum unter den Hunderten oder Tausenden im Garten Eden, den Baum der Erkenntnis des Guten und Bösen, von dem der Mensch nicht essen sollte, schenkte er Adam und Eva die Freiheit der Wahl (1Mo 2,8–9.15–17). Die Folgen kennen wir; sie wirken sich bis heute aus.

Dass Freiheit die Voraussetzung ist für die Liebe, gilt auch für die mitmenschlichen Beziehungen. Wenn wir geliebt werden wollen, müssen wir unser Gegenüber freigeben. Wenn wir einen Menschen lieben wollen, müssen wir ihm gegenüber innerlich frei sein. So hat Jesus gelebt. Aus seinem Leben und dem, was Jesus Christus lehrt, wird aber auch klar, dass die Freiheit, um die es geht, nicht eine äußere Freiheit ist, sondern eine innere

Freiheit. In Jesus Christus schenkt Gott uns die verlorene innere Freiheit zurück (vgl. Joh 8,36).

Freiheit ist zwar die Voraussetzung, um lieben zu können; aber Freiheit allein genügt nicht. Es braucht den freien, inneren Entschluss der Hin- und Zuwendung zum Gegenüber, damit aus der Freiheit die Liebe erwächst. Dies scheint auch bei Jesus so gewesen zu sein, was zum Beispiel in der Begegnung mit dem reichen jungen Mann deutlich wird (Mk 10,17–22). Zur Zuwendung in längerfristigen Beziehungen gehören aber auch Zutaten, die den Moment überdauern und den Einsatz unseres Willens erfordern: Treue, Beständigkeit und Verlässlichkeit. Es geht dabei also um mehr als nur um momentane Hinwendung zum Gegenüber – es geht um ein grundsätzliches Zugewendet-Sein und -Bleiben.

Um gelingende Beziehungen zu leben, müssen wir Gott im Dreieck seinen Platz in der Mitte der Beziehung einräumen, die ganze Verantwortung für unser Sein und Tun übernehmen (Eigenverantwortlichkeit), statt Du-Botschaften Ich-Botschaften übermitteln, Flexibilität entwickeln, lernen obenherum zu kommunizieren, uns nur um unseren Teil der Zweierbeziehung kümmern (Autobahn), verdauen lernen und die einseitige Bereinigung der Beziehung (holländische Brücke) praktizieren. Alle diese Hilfestellungen haben die Entflechtung der Beziehung zum Ziel, weil Verstrickung die Liebe tötet. Das Fundament für die Entflechtung ist aber Freiheit.

Wie können wir Gottes Geschenk der Freiheit in Empfang nehmen? Was heißt das eigentlich, frei zu sein? Wie können wir unsere Freiheit bewahren?

Freiheit

Denn ihr seid zur Freiheit berufen worden (Gal 5,13).

Welche Freude, darüber zu schreiben! Aber damit die Dinge von Anfang an klargestellt sind: Die Zusage der Freiheit im Sinne der vollen Unabhängigkeit hat Gott nicht gemacht; sie ist eine Lüge Satans (1Mo 3,5–7) und das Verfolgen dieser Utopie hat unendlich viel Leid über die Menschheit gebracht. Schon bei der Schöpfung des Menschen wird klar, dass der Mensch nicht als unabhängiges Wesen geschaffen ist, sondern um mit Gott in Beziehung zu leben. Durch die Wahl, dem lügnerischen Versprechen Satans mehr zu vertrauen als Gottes Liebe, hat der Mensch die von Gott geschenkte Freiheit verloren (vgl. Jesu Aussage in Joh 8,31–36). Deshalb ist Gottes Ziel der Erlösung, uns zurückzuführen *zu der herrlichen Freiheit der Kinder Gottes* (Röm 8,21 | LU).

Der Versuch des Menschen, unabhängig zu sein, ist eine Illusion. Das zeigt sich schon beim Neugeborenen. Im Gegensatz zu vielen Tierjungen ist der Säugling während langer Zeit abhängig von seinen Eltern; allein ist er nicht lebensfähig. Ohne menschliches Gegenüber kann das kleine Geschöpf gar nicht zum Menschen werden und in seine Gottesebenbildlichkeit hineinfinden. Um Mensch zu werden, brauchen wir Vorbilder. Gott hat den Menschen also von Anfang an als ein abhängiges Wesen geschaffen.

Neben der äußeren Abhängigkeit gibt es auch eine innere Abhängigkeit: Wir brauchen von unserer Umgebung Annahme, Liebe, Ermutigung, Unterstützung und Hilfe vielfältigster Art, um uns als Person entfalten zu können. Wir wissen das und sind immer wieder bereit, einen hohen Preis dafür zu bezahlen. Wir hängen also in unseren sozialen Beziehungen wie in einer Hängematte; und wehe dem, der – aus welchen Gründen auch immer – durch die Maschen dieses Netzes fällt!

Was ist denn nun mit der Freiheit gemeint, zu der uns Gott gemäß dem obigen Bibelwort berufen hat? Wir wollen dazu das Leben Jesu Christi betrachten und nach Antworten suchen.

Freiheit durch Hingabe

Es genügt, die Evangelien zu lesen, um zu erkennen: Jesus war wirklich frei. Bei der Verhaftung, den Verhören, der Demütigung durch die römischen Soldaten (Mt 27,27–31) und in der Kreuzigung war er der einzige wirklich Freie. So hat sich erfüllt, was er im Blick auf seine Gaben vorhergesagt hatte: *Niemand nimmt es von mir, sondern ich selber lasse es* (Joh 10,18 | LU). Diese große Freiheit spüren wir auch im Umgang mit seinen Nächsten, seiner Familie und seinen Jüngern (vgl. Mt 16,21.23; Mt 26,56; Lk 2,46–51; Lk 8,19–21; Joh 2,3f; Joh 6,66f). Er versucht nicht, sie für sich zu gewinnen oder durch Überzeugungsarbeit ihr Verständnis zu wecken, sie festzuhalten oder an sich zu binden. Ganz im Gegenteil warnt er sie immer wieder vor den Konsequenzen der Nachfolge und lässt sie ganz frei. Was ist das Geheimnis der Freiheit Jesu?

Sein Geheimnis ist der Ausstieg aus der sozialen Hängematte. Eine Zeichnung hilft hier weiter:

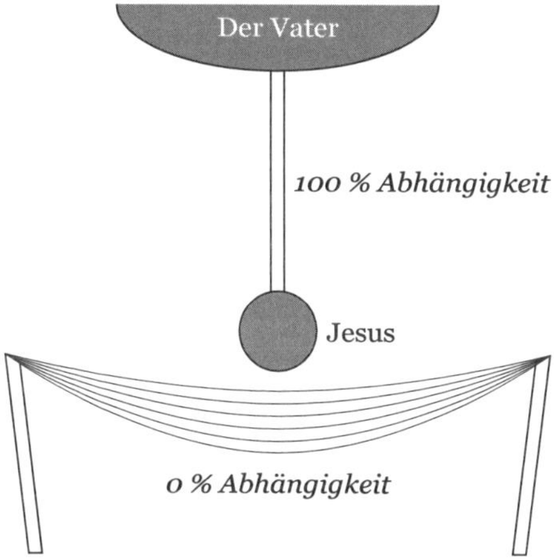

Abb. 5: Die soziale Hängematte

Die hundertprozentige Hingabe und die Abhängigkeit vom Vater heben Jesus aus der sozialen Hängematte heraus – er ist nicht angewiesen auf seine Mitmenschen. Weil er vom Vater alles empfängt, was er braucht, kann er sie freigeben und bleibt ihnen gegenüber auch frei. Die einzige Freiheit, die wir Menschen also gewinnen können, ist Freiheit durch Abhängigkeit von Gott. Dies ist die Freiheit, zu der wir berufen sind. Diese hundertprozentige Abhängigkeit vom Vater soll unser Ziel sein; aber ganz erreichen werden wir es – im Gegensatz zu Jesus – auf dieser Erde wohl nicht. Was sich vor uns auftut, ist ein Weg zu immer mehr Freiheit. Wenn wir uns danach ausstrecken, wird der Vater uns tiefer in die Abhängigkeit von ihm hineinführen. Er wird uns Schritt für Schritt aufdecken, wo wir noch auf Menschen vertrauen und uns von ihnen abhängig machen. Er hilft uns auch, dass wir immer mehr alles, was wir wünsche und brauchen, bei Gott suchen und finden, anstatt bei den Menschen. Dazu ermutigt uns sein Wort (z. B. Jer 17,5–8). Und unsere Erfahrung bestätigt uns, dass Gott der einzig wirklich Vertrauenswürdige ist.

Was bedeutet nun aber Abhängigkeit von Gott? Und weshalb verdient diese den Namen »Freiheit«? Wer sich Gott ganz hingibt, bekommt von ihm die Freiheit wieder geschenkt, die der Mensch vor dem Sündenfall besaß: die Freiheit zu wählen und zu lieben. Nun kann er sich aus Liebe Gott mit seinem Willen, seinem Verstand und allen seinen Kräften freiwillig unterordnen, wie es Jesus getan hat (vgl. Joh 5,19f).

Diese Freiwilligkeit soll auch weiterhin das Kennzeichen unserer Beziehung zu Gott bleiben. Jesus hat sie uns vorgelebt, als er in Gethsemane drei Stunden in Gottes Gegenwart mit sich selber gerungen hat, bis er freiwillig auf sich nehmen konnte, was vor ihm lag: Gefangennahme, Prozess und Kreuzigung (Mt 26,36–46). Auch an diesem entscheidenden Punkt seines Auftrages war er frei; der Vater ließ ihm wirklich die Wahl (Mt 26,52–54). Jesus wusste ja, dass dieser Tod ihn erwartete. Er hatte ihn den Jüngern mehrfach angekündigt. Er wusste aber auch, dass der Vater keinen bitteren Gehorsam will. Dieses Ringen mit uns selbst, bis wir freiwillig tun können, was wir als Gottes Willen erkennen, gehört auch zur Freiheit der Kinder Gottes. In diesen »Gethsemane-Stunden« werden wir den Sieg über uns selber nicht alleine erringen müssen; wir können mit Jesu Hilfe rechnen.

Auf sich selbst achthaben

Matthias Claudius hat aus der Fähigkeit, sich selber zum freiwilligen Gehorsam zu führen, das Hauptmerkmal der Freiheit gemacht: »Und der ist nicht frei, der da will tun können, was er will, sondern der ist frei, der da wollen kann, was er tun soll« (Claudius: Johannes, S. 6). Freiheit setzt also voraus, dass wir uns selber raten (vgl. Ps 103,1–6), an die Hand nehmen und zum Guten führen können. Die Verantwortung uns selbst gegenüber wahrzunehmen, ist Ausdruck unserer Selbstachtung und unserer Selbstliebe. Diesen Aspekt der Freiheit und den daraus sich ergebenden Auftrag uns selbst gegenüber umschreibt Paulus so:

Alles ist mir erlaubt; aber nicht alles ist nützlich.
Alles ist mir erlaubt, aber ich will mich von nichts
beherrschen lassen (1Kor 6,12).

Und an Timotheus schreibt er: *Habe acht auf dich selbst!* (1Tim 4,16). Dies ist ein schwerer Auftrag. Wie gut zu wissen, dass der Heilige Geist unserer Schwachheit zu Hilfe kommt und dass zur Frucht des Geistes, die er ins uns schaffen will, auch die Zucht oder Selbstbeherrschung gehört (vgl. Gal 5,22; 2Tim 1,7). So können wir uns diesem Auftrag stellen. Der Umgang mit unseren Gefühlen, mit unseren Gedanken und mit unserer Zunge sind die Knackpunkte dieses Auftrages. Das Ziel eines verantwortlichen Umgangs mit sich selbst ist immer, dass unser Herz im Frieden bewahrt bleibt; denn wer den Frieden verliert, verliert auch seine Freiheit:

Und der Friede Gottes, der allen Verstand übersteigt,
wird eure Herzen und eure Gedanken bewahren
in Christus Jesus (Phil 4,7).

Im inneren Selbstgespräch steht uns ein effizientes Mittel für den Umgang mit uns selbst zur Verfügung. Das werde ich im folgenden Kapitel noch mehr ausführen. Es erlaubt uns, mit uns selbst in Beziehung zu stehen, unsere Handlungen zu planen, uns gewisser Dinge klarer bewusst zu werden, uns selbst gut zuzureden und zu überzeugen und uns selbst zu leiten. Das Selbstgespräch ist ein normaler Mechanismus der Selbstbeziehung, dem wir auch in der Bibel begegnen – zum Beispiel in den Psalmen und in bestimmten Gleichnissen. In einigen Psalmen wird aber auch sichtbar, wie das anfängliche Selbstgespräch zum Zwiegespräch mit Gott werden kann. Das bewirkt eine große Veränderung der Sichtweise: Der Mensch beginnt, die Dinge mit Gottes Augen zu sehen. Wenn wir in gewissen Psalmen den Anfang mit dem Schluss vergleichen, wird der weite innere Weg sichtbar, den der Psalmist zurückgelegt hat.

Vom Umgang mit Gefühlen und Gedanken

Im Selbstgespräch eröffnet sich für uns auch eine effiziente Möglichkeit für den Umgang mit unseren Emotionen. Gefühle gehören zum Menschen; sie bringen Farbe ins Leben. Außerdem sind sie Ausdruck unserer Gottesebenbildlichkeit, denn auch Gott empfindet Gefühle. Durch den Sündenfall sind bei den Menschen aber neue Gefühle entstanden, die Gott nicht kennt, zum Beispiel Angst, Scham, Überheblichkeit, Neid, Hass, Rachsucht, Bitterkeit, Minderwertigkeit oder Selbstmitleid. Wenn wir aus diesen Gefühlen heraus handeln, werden wir schuldig. Es ist deshalb wichtig, dass sie uns nicht beherrschen, sondern dass wir mit ihnen umgehen lernen. Aber wie?

Beim Thema »Verdauung« habe ich schon darauf hingewiesen, dass wir gewisse Gefühle nicht in uns dulden müssen; wir können sie auf Jesus werfen. Oft gelingt es uns, unsere Seele in den Frieden Gottes zurückzuführen, indem wir unser Herz vor Gott ausschütten oder durch das Zwiegespräch mit Gott über das, was uns beschäftigt (vgl. Ps 131,1).

Gewisse bedrängende Gefühle, wie etwa Angst, können wir aber nicht auf diese Weise loswerden. Unser Versuch, sie zu bekämpfen, bleibt meist ohne Erfolg. Was können wir denn hier tun? Der Kampf *gegen* etwas ist immer ineffizient, doch der

Kampf *für* etwas ist Erfolg versprechend. Dies ist auch ein biblisches Prinzip (z. B. 1Petr 3,11). Auf die Angst übertragen bedeutet das: Es lohnt sich, *für* Vertrauen zu Gott zu kämpfen und uns durch Gottes Willen statt durch die Angst bestimmen zu lassen: »Ich weiß, Angst, dass du mich jetzt daran hindern möchtest, zu diesem Treffen zu gehen. Es ist aber Gottes Auftrag für mich. Er kommt mit und wird mir durchhelfen. Ich vertraue ihm, er lässt mich nicht im Stich. Deshalb gehe ich. Du darfst mitkommen, liebe Angst!« Dass wir gleichzeitig Angst haben und getrost sein können, deutet auch Jesus an:

In der Welt habt ihr Angst; aber seid getrost,
ich habe die Welt überwunden (Joh 16,33 | LU).

Das andere zentrale Kampffeld in uns sind unsere Gedanken. Sie steigen aus der Gesinnung des Herzens auf oder werden durch unsere Gefühle bestimmt. Aus ihnen heraus reden und handeln wir. Deshalb kommt ihnen eine Schlüsselstellung zu in unserer Person und unserem ganzen Leben:

Was ich dir jetzt rate, ist wichtiger als alles andere:
Achte auf deine Gedanken und Gefühle,
denn sie beeinflussen dein ganzes Leben! (Spr 4,23 | HfA).

Da die Gedanken zum bewussten Teil unserer Person gehören, können wir sie lenken. Normalerweise sind wir unseren Gedanken nicht einfach ausgeliefert; wir können unser Denken ausrichten. Es ist unsere Entscheidung, womit wir unser Bewusstsein füllen wollen. Deshalb rät Paulus seinen Lesern:

*Richtet eure Gedanken ganz auf die Dinge, die wahr
und achtenswert, gerecht, rein und unanstößig sind und
allgemeine Zustimmung verdienen; beschäftigt euch mit
dem, was vorbildlich ist und zu Recht gelobt wird.*
(Phil 4,8 | NGÜ).

Eine besondere Art, mit hartnäckigen, negativen Gedanken
umzugehen, umschreibt Paulus als *Gedanken gefangen nehmen
unter den Gehorsam gegen Christus* (2Kor 10,5). Das Ziel ist,
dass unser Denken der Wahrheit entspricht und dem Willen
Christi unterstellt wird. In einer konkreten Situation muss uns
aber zuerst bewusst werden, dass unser Denken durch ungute
Ziele, Wünsche, Versuchungen, zerstörerische Gefühle oder die
Einflüsterungen des Anklägers und Lügners bestimmt wird.
Darauf macht uns der Heilige Geist gerne aufmerksam. Wenn wir
das erkannt haben, gilt es sofort zu handeln und unsere Gedan-
kengänge mit einem klaren »Stop!« zu unterbrechen. Manchmal
sind wir versucht, noch etwas länger mit dem Feuer zu spielen,
weil ungute Gedanken oft einen bittersüßen Geschmack haben.
Der Geist wird uns nun auch zu Hilfe kommen, dass wir der Lüge
und dem Unguten die Wahrheit entgegensetzen können. Die
Wahrheit Gottes setzt uns frei. Sie ermöglicht es uns, das Gute
zu wählen:

*Ihr werdet die Wahrheit erkennen,
und die Wahrheit wird euch frei machen* (Joh 8,32).

Die effizienteste Art, unsere Gedanken auf gute Bahnen zu
lenken, ist aber ein Lebensstil, wie Jesus Christus ihn uns vorgelebt hat (vgl. das Kapitel »Der Lebensstil der Söhne und Töchter«, S. 89). Welche bewahrende Kraft für unser Denken aus
unserem Lebensstil entspringt, drückt Paulus im Philipperbrief
aus:

Freuet euch im Herrn allezeit!
Nochmals will ich es sagen: Freuet euch!
Lasset alle Menschen eure Freundlichkeit spüren!
Der Herr ist nahe.
Sorget euch um nichts, sondern lasst in allen Lagen eure
Bitten durch Gebet und Fürbitte mit Danksagung vor Gott
laut werden!
Und der Friede Gottes, der alles Verstehen übersteigt, wird
eure Herzen und eure Gedanken bewahren in Christus Jesus
(Phil 4,4–7 | ZH).

Wer so lebt, in dessen Herz breitet sich der Friede Gottes aus. Da der Zustand unseres Herzens unser Denken prägt, schafft Gottes Frieden auch einen Schutzraum für unsere Gedanken. Auf diese Weise kann das Ziel, dass unser Denken ganz unter Christi Herrschaft bewahrt bleibt, am einfachsten erreicht werden.

Die Zunge zügeln

Ohne Zucht verlieren wir unseren Frieden, unsere Freiheit und die Liebesfähigkeit. Dies bestätigt sich auch im dritten Bereich, den wir betrachten wollen: unser Reden. Hier sind die direkten Auswirkungen auf unsere Beziehungen offensichtlich: Wir haben die Konsequenzen unserer Worte zu tragen. Wie viele Menschen haben durch ihr Beziehungsverhalten alle in die Flucht geschlagen und sich durch ihre Worte in eine tiefe Einsamkeit hineingeredet! Jakobus schildert in eindrücklicher Weise, welche großen Brände durch Worte verursacht worden sind (Jak 3,2–12). Dies gilt bis hinein in die Weltgeschichte. Jesus weist in der Bergpredigt aber auch darauf hin, dass Worte Taten sind, die aus Gottes Sicht so schwer wiegen können wie Mord und Totschlag (Mt 5,21f). Worte können töten. Weil unseren Worten ein zentraler Stellenwert zukommt für den Auftrag der Nächstenliebe, wird Gott uns danach richten:

Die Menschen [müssen] von jedem unnützen Wort, das sie
reden werden, Rechenschaft geben am Tag des Gerichts;
denn aus deinen Worten wirst du gerechtfertigt werden,
und aus deinen Worten wirst du verdammt werden
(Mt 12,36f).

Es ist deshalb nicht erstaunlich, dass Zucht im Reden als Voraussetzung dafür verstanden wird, Gott zu dienen, und dass es eine ganze Reihe von biblischen Ratschlägen gibt, wie wir unser Reden unter Kontrolle halten können (vgl. Jak 1,26). Hier eine kleine Auswahl:

- Seine Worte auf das wirklich Nötige beschränken (vgl. die eben zitierten Worte Jesu!).

- Seine Zunge zurückhalten lernen: *Wer das Leben lieben und gute Tage sehen will, der halte Zunge und Lippen vom Bösen zurück* (1Petr 3,10).

- Hören ist die Voraussetzung fürs Reden: *Jeder Mensch sei schnell zum Hören, langsam zum Reden* (Jak 1,19).

- Echtheit und Wahrhaftigkeit im Reden: *Lass weichen von dir die Falschheit des Mundes und die Verdrehtheit der Lippen entferne von dir!* (Spr 4,24).

Wir wissen: Aus unseren eigenen Möglichkeiten heraus schaffen wir es nicht, unsere Zunge im Zaum zu halten (vgl. Jak 3,8). Das eigentliche Problem dahinter ist nämlich unser Herz: *Denn aus der Fülle des Herzens redet der Mund. Der gute Mensch bringt aus dem guten Schatz Gutes hervor, und der böse Mensch bringt aus dem bösen Schatz Böses hervor* (Mt 12,34f). Wenn unser Herz durch das Wirken des Heiligen Geistes zur Nächstenliebe befähigt wird, werden unsere Worte diese ausdrücken. Paulus gibt uns hier einen wichtigen Rat:

Lasst uns aber die Wahrheit reden in Liebe (Eph 4,15).

Der Vergleich mit einem elektrischen Kabel kann uns helfen, diese Aussage besser zu verstehen: Der Kupferdraht ist der Inhalt unserer Worte, zum Beispiel die Wahrheit; die Liebe ist die Isolation, die nötig ist, damit unsere Worte etwas Gutes bewirken können. Wir sollten in unseren Worten, auch wenn wir die Wahrheit sagen, nie über das hinausgehen, was durch unsere Liebe zum Gegenüber abgedeckt ist. Wahrheit ohne Liebe setzt nicht mehr frei (vgl. Joh 8,23), sie tötet. Und Erkenntnis ohne Liebe bläht uns auf (vgl. 1Kor 8,1).

Richtig zu reden, ist für uns Menschen ein Problem, das wir nicht alleine bewältigen können. Doch Gott hält für uns hilfreiche Angebote bereit, die wir bittend in Besitz nehmen können:

- Die Begabung mit einer für Gott brauchbaren Zunge ist den Jüngern zugesagt: *Der Herr, HERR, hat mir die Zunge eines Jüngers gegeben, damit ich erkenne, den Müden durch ein Wort aufzurichten* (Jes 50,4).

- Wir können uns Gott als Kanal seiner Liebe zur Verfügung stellen, damit unsere Worte aus dieser Quelle fließen und wir *süßes Wasser hervorbringen* (vgl. Jak 3,12).

- Gott möchte uns lehren, wie es bei Jesus war: ..., *wie der Vater mich gelehrt hat, das rede ich* (Joh 8,28). Auch für das, was wir zu sagen haben – sei es in öffentlichen Situationen oder in wichtigen privaten Gesprächen –, sind die guten Werke von Gott für uns vorbereitet (vgl. Eph 2,10).

- In schwierigen Situationen dürfen wir mit der direkten Leitung durch den Heiligen Geist rechnen: *Es wird euch in jener Stunde gegeben werden, was ihr reden sollt. Denn nicht ihr seid die Redenden, sondern der Geist eures Vaters, der in euch redet* (Mt 10,19f).

Durch das ganze Thema »Freiheit« hindurch ist uns immer wieder der Zusammenhang zwischen der Freiheit, die es durch Zucht zu bewahren gilt, und dem inneren Frieden bewusst geworden. Das gilt auch für unser Reden: Aus dem inneren Unfrieden entstehen ungute Worte, und durch liebloses Reden verlieren wir den inneren Frieden. Vom inneren Frieden aber hängt auch die Erfüllung unseres Grundauftrages der Liebe letztlich ab.

Friede sei mit euch! (Lk 24,36 | LU).

Dies sind die Worte, mit denen der auferstandene Christus seine Jünger jedes Mal begrüßt (vgl. auch Joh 20,19.21.26 | LU). Diesen Frieden hatte er seinen Jüngern schon vorher verheißen (vgl. Joh 14,27). Wenn wir nun die Menschen in unserem Umfeld fragen würden, welches die Grundstimmung ihrer Seele sei, so würden wohl wenige antworten: Frieden!

Was würden Sie antworten? Viele Menschen suchen Frieden für ihre Herzen, aber sie finden ihn nicht; Gott sagt: *Den Weg des Friedens kennen sie nicht* (Jes 59,8). Welches ist der Weg des Friedens?

Die innere Ordnung

Gott ist nicht ein Gott der Unordnung,
sondern des Friedens (1Kor 14,33).

ch bin froh, dass es nicht heißt: »…sondern der Ordnung«. Es geht Gott eigentlich nicht um die Ordnung; sie ist nur ein Mittel, damit Friede herrschen kann. Unordnung ist Gott ein Dorn im Auge, weil sie den Frieden unmöglich macht. Paulus identifiziert Satan als den Haupt-Durcheinanderbringer, der am Kreuz überwunden worden ist und nun auch in unserem Leben seine Unruhe stiftende Wirkung verlieren soll: *Der Gott des Friedens aber wird in kurzem den Satan unter euren Füßen zertreten. Die Gnade unseres Herrn Jesus Christus sei mit euch!* (Röm 16,20).

Damit Frieden entstehen kann, handelt Gott ordnend – schon bei der Schöpfung. Gott greift durch sein Wort schaffend und entflechtend ins Chaos ein und weist jedem Ding seinen Platz zu.

In diese geordnete Welt, die durch seinen Frieden geprägt ist, setzt er dann den Menschen hinein, den er nach seinem Ebenbild geschaffen hat. *Und Gott sah alles, was er gemacht hatte, und siehe, es war sehr gut* (vgl. 1Mo 1,1–31). Mit dem Sündenfall hat sich dann der Unruhestifter durchgesetzt, und es brauchte die Erlösung durch Jesus Christus, *auf dass wir Frieden hätten* (vgl. Jes 53,5).

Um welchen Frieden geht es Gott denn? Zuerst wohl einmal um den Frieden in allen drei Beziehungsdimensionen: zwischen ihm und den Menschen, um den inneren Frieden in unserer Person und um den zwischenmenschlichen Frieden. Nur so könnte auch Friede auf Erden entstehen.

Die innere Kampffront

Für Unfrieden sind immer zwei oder mehr Kontrahenten nötig. Wenn wir uns nun dem inneren Frieden in unserer Person zuwenden, stellt sich zuerst die Frage: Wer liegt denn im Streit mit wem?

Zum Abschluss meines Psychologiestudiums habe ich über das handlungsbegleitende Selbstgespräch promoviert. Wie wir bereits gesehen haben, gehört es zum normalen Repertoire des menschlichen Verhaltens. Es ist Ausdruck unserer Selbstbeziehung und eine Hilfe für die Selbststeuerung. Bei meinen Untersuchungen sind mir die klaren dialogischen Strukturen des Selbstgesprächs aufgefallen; aber: Wer redet denn mit wem?

Im handlungsbegleitenden Selbstgespräch lassen sich zwei innere Instanzen unterscheiden: der *handelnde* Anteil der Person und der *überwachende* Anteil der Person. Bemerkenswert fand ich, wie sich die Beziehung der beiden in den Personalpronomen ausdrückte: Wenn die gestellte Aufgabe nicht gelöst werden konnte (z. B. das Legen einer Tangram-Figur), schob der überwachende Teil dem handelnden die Verantwortung zu: »Das hast *du* aber nicht gut gemacht!« Wenn es gelang, identifizierte er sich aber gerne mit dem handelnden Teil: »Das haben *wir* nicht schlecht gemacht!« Interessant war auch die Aussage eines Abiturienten, der sich selbst statt per »ich« bzw. »du« mit dem Vornamen ansprach. Bei der anschließenden Befragung erklärte er mir: »Wenn ich mir selbst gegenüber nicht die Aufgabe übernommen hätte, die eigentlich meine Eltern gehabt hätten, wäre ich nie durchs Gymnasium gekommen.« Im Selbstgespräch wird der Umgang mit uns selbst sichtbar, ob er liebevoll, sachlich oder durch Selbstanklagen geprägt ist.

Über die inneren Kämpfe in unserer Person, die Zerrissenheit zwischen dem, was wir zutiefst wollen, und dem, wie wir oft handeln, spricht auch die Bibel (vgl. Röm 7,15). Sie umschreibt auch, wie verschiedene Anteile unserer Person miteinander im Streit liegen. Diese Anteile unserer Person versteht sie zugleich als geistliche Einflussbereiche: Hinter dem »Fleisch« mit seinen Begierden steht Satan, der uns zugrunde richten will (vgl. 1Petr 2,11; Eph 4,22). Hinter dem guten Wollen unseres Geistes steht der Heilige Geist, der uns in das Leben der neuen Schöpfung hineinführen will (vgl. Röm 7,22; Gal 5,16.22–25). Der innere Zwiespalt des Menschen ist also auch Ausdruck einer geistlichen Kampffront, an der wir stehen. Der innere Kampf, den wir einerseits mit uns selbst und den natürlichen Tendenzen des gefallenen Menschseins und andererseits gegen den Versucher zu führen haben, gehört zum Leben des Glaubens. Paulus nennt ihn *den guten Kampf des Glaubens* (vgl. 1Tim 6,11f), in dem es zu bestehen und die Freiheit und den Frieden zu bewahren gilt (vgl. Eph 6,10–12; Jak 4,7). In diesem Kampf sind wir nicht allein: *Der Geist hilft unserer Schwachheit auf* (Röm 8,26).

Damit wir in diesem Kampf immer besser bestehen können, arbeitet Gott durch den Heiligen Geist an der Umgestaltung unserer Person. Sein Wirken wird im Neuen Testament als Heiligung umschrieben (mehr dazu in den Kapiteln »Versöhnt leben«, S. 77, und »Lobpreis der Gnade«, S. 111). Durch diesen wachstümlichen Veränderungsprozess sollen wir Jesus Christus ähnlicher werden. In seinem Brief an die Thessalonicher betont Paulus, dass das Ziel der Heiligung Friede ist:

Er selbst aber, der Gott des Friedens, heilige euch völlig;
und vollständig möge euer Geist, Seele und Leib
untadelig bewahrt werden
bei der Ankunft unseres Herrn Jesus Christus!
Treu ist, der euch beruft; er wird es auch tun (1Thess 5,23f).

Gott geht es dabei zuerst einmal um den Frieden in unserer Person. Die Ganzheit unserer Person wird im obigen Text durch die Begriffe Leib – Seele – Geist umschrieben. Die sprachliche Struktur dieser Aussage deutet den engen Bezug an, der zwischen Seele und Leib besteht und in anderen Texten als »Fleisch« umschrieben wird (vgl. Mt 26,41). In Form einer algebraischen Formel könnten die Zusammenhänge so ausgedrückt werden:

$$\text{Geist} + (\text{Seele} + \text{Leib})$$

Gott will unsere ganze Person heiligen und den inneren Zwiespalt überwinden. Durch die Reihenfolge bringt Paulus zum Ausdruck, dass das Werk des Heiligen Geistes aber zuerst in unserem Geist beginnt und von dort aus dann unsere Seele und unseren Körper erreichen will. Unser Geist ist Gottes Brückenkopf in unserer Person; er kann Gott erkennen und in Beziehung zu ihm stehen. Mit ihm können wir Gott anbeten. Er kann Gottes Stimme vernehmen und Gottes Willen erkennen. Von ihm gilt: *Der Geist ist willig* (Mt 26,41). Durch ihn will der Heilige Geist uns leiten (vgl. Röm 8,14).

So wie unser Geist der Ansatzpunkt für Gottes Wirken ist, so ist das Fleisch als Gegenpol der Ansatzpunkt für die Versuchung durch Satan (vgl. Gal 5,16f). Die Erlösung hat zum Ziel, dass unsere Seele nicht mehr unter seiner Herrschaft steht und auch unser Leib zu dem wird, wozu er von Gott eigentlich bestimmt ist. Unser Leib soll ein Tempel für den Heiligen Geist sein (1Kor 6,19f). Je nachdem, welcher Teil unserer Person uns bestimmt – der Geist, die Seele oder der Leib – und unseren Willen zu seiner Verfügung hat, sind wir im Kampf des Glaubens mehr oder weniger erfolgreich. Innere Niederlagen schaffen Unzufriedenheit und Unruhe, innere Siege führen in den Frieden. Dazu kommt aber oft noch eine weitere Not: Eine große innere Unordnung und Verwirrung, wo nichts an seinem Platz zu sein scheint. Der Anfang des Schöpfungsberichtes ist für mich ein zutreffendes Bild für den inneren Zustand gewisser Menschen: *Und die Erde war wüst und leer, und Finsternis war über der Tiefe; und der Geist Gottes schwebte über dem Wasser* (1Mo 1,2). Man wünscht sich dann, dass Gott Licht schafft und das Chaos entflechtet, indem er dem Geist, der Seele und dem Leib ihre Plätze zuweist und so die innere Ordnung aufrichtet.

Innere Ordnung ermöglicht Frieden

An der Art, wie Jesus nach dem Zeugnis der Evangelien gelebt hat, lässt sich die innere Ordnung seiner Person erkennen. Er hatte leibliche und seelische Bedürfnisse und starke Gefühle, aber er ließ sich nicht durch sie bestimmen (z. B. Lk 4,1–13 oder Joh 11). Sein Geist hatte die Führung in seiner Person. In Gethsemane focht er den inneren Kampf mit sich selber aus, bis sein Geist den Sieg errungen hatte und er in freiwilliger Hingabe ans Kreuz gehen konnte. Diese innere Ordnung in unserer Person, wie wir sie bei Jesus erkennen, ist die Voraussetzung für die innere Freiheit und für den Frieden. *Der Gott des Friedens* (vgl. 1Thess 5,23f) will sie in uns aufrichten.

Nach dieser inneren Ordnung und dem daraus resultierenden Frieden sehnen wir uns eigentlich. Wir wissen: sie gehört zur neuen Schöpfung und ist uns zugesagt. Aber wie kann diese Ordnung in unserem Leben entstehen und was können oder müssen wir dazu beitragen?

Als Erstes gilt auch hier wohl wieder: *Ihr habt nichts, weil ihr nicht bittet* (Jak 4,2). Wenn wir uns des inneren Chaos, der Unordnung und Verwirrung bewusst sind, so dürfen wir Gott um sein schöpferisches Eingreifen bitten. Ich habe mehrfach Menschen im Gebet darin begleitet. Dabei konnte ich einmal in einem inneren Bild den ganzen Vorgang der Entflechtung zwischen Geist und Seele verfolgen. Es sah aus wie ein biologischer Prozess: In einer Zelle waren rote und blaue Partikel völlig vermischt. Dann sah ich, wie sich beiderseits die Zellwand ausstülpte – wie bei einer Zellteilung. Es bildete sich eine Membran und diese begann nun zu »fischen« und trennte so die roten Partikel von den blauen. Als die beiden Enden sich fanden und die Membran sich schloss, war die Zellteilung abgeschlossen.

Durch dieses Bild habe ich verstanden, dass geistliches Wachstum auch durch »Zellteilung« und die dadurch bewirkte »Spezialisierung« der einzelnen Teile geschehen kann. Die innere Entmischung und das Aufrichten der göttlichen Ordnung in unserer Person sind Wachstumsschritte, die Gott in uns bewirken will. Wir können also um die Entflechtung von Geist, Seele und Leib bitten. Dadurch wird die Einheit der Person nicht zerstört, sondern der so entstehende innere Frieden ermöglicht sie überhaupt erst.

Dazu findet sich im Hebräerbrief ein aufschlussreiches Wort:

Das Wort Gottes ist lebendig und wirksam
und schärfer als jedes zweischneidige Schwert
und durchdringend bis zur Scheidung von Seele und Geist,
sowohl der Gelenke als auch des Markes,
und ein Richter der Gedanken
und Gesinnungen des Herzens (Hebr 4,12).

Hier geht es auch um »Zellteilung«, um die Trennung zwischen Seele und Geist. Das Wort Gottes hat richtende, unterscheidende, trennende, zuordnende und zurechtbringende Kraft und Wirkung. Das zeigt uns einen weiteren Weg für diesen Wachstumsprozess, der die innere Ordnung aufrichtet: Wenn wir uns dem geschriebenen Wort Gottes immer wieder bewusst aussetzen und uns nach seiner ordnenden und scheidenden Wirkung ausstrecken, so wird sich die innere Ordnung immer klarer in uns ausprägen.

Wem dient mein Wille?

Die große Bedeutung des Willens für den Kampf des Glaubens habe ich oben bereits angedeutet. Der Wille ist der Motor, ohne den wir in unserer Person nichts bewegen können. Es ist deshalb entscheidend, wer über den Willen verfügen kann: der Leib, die Seele oder unser Geist. Wer über den Motor verfügt, der bestimmt, wohin das Auto fährt.

Damit der Geist seine Führung in unserer Person wirklich übernehmen kann, muss ihm unser Wille zur Verfügung stehen. Da wir Autorität haben über unsere Person, können wir im Gebet bestimmen, dass unser Wille unserem Geist und damit auch dem Heiligen Geist untergeordnet sein und ihm dienen soll. Nun kann Gottes Kraft in uns wirksam werden und so kann sich in uns auch erfüllen, was Paulus zusagt: *Denn Gott ist's, der in euch wirkt beides, das Wollen und das Vollbringen, nach seinem Wohlgefallen* (Phil 2,13 | LU). Durch unseren Geist und den ihm untergeordneten Willen kann Gottes Kraft in unserem Wollen und Tun wirksam werden.

Durch die innere Ordnung will Gott es uns ermöglichen, mit uns selber im Frieden zu leben. Dieser soll sich auch durch die Art ausdrücken, wie der Geist seine Führungsrolle in unserer Person wahrnimmt. Mit Freundlichkeit, Barmherzigkeit und Festigkeit soll er mit unserer Seele umgehen. Dafür haben wir im Zusammenhang mit dem Selbstgespräch schon Beispiele aus den Psalmen zitiert (vgl. Ps 42,6; 103,1–6; 116,7). Er soll sie liebevoll und mit Festigkeit führen. Er soll sich ebenfalls um unseren Leib kümmern, dem es aber auch sinnvolle Grenzen zu setzen gilt (z. B. Röm 6,12f; 13,14), damit wir mit ihm Gott verherrlichen können (vgl. 1Kor 6,20). So sollen wir mit uns selbst im Frieden leben und eins werden, wie Gott es ist, der von sich selbst sagt:

Ich bin, der ich bin (2Mo 3,14).

Versöhnt leben

Es gefiel [Gott], ... durch ihn alles mit sich zu versöhnen –
indem er Frieden gemacht hat durch das Blut seines Kreuzes
(Kol 1,19f).

Wir haben bereits gesehen: Eigenverantwortlichkeit, Freiheit, innere Ordnung und richtiger Umgang mit sich selbst sind Zugänge zum *Weg des Friedens* (vgl. Jes 59,8). In diesem Kapitel wollen wir eine weitere Möglichkeit erkunden, um auf den Weg des Friedens zu gelangen: Versöhnung. Wie in allem anderen gilt auch hier, dass Gott die Initiative ergriffen und durch seinen Sohn alles vollbracht hat, damit wir versöhnt leben können. Der obige Text zeigt den engen Zusammenhang auf zwischen Versöhnung und Frieden: Durch seinen Tod hat Christus die Menschen und die Welt mit Gott versöhnt und damit Frieden gestiftet.

Diese Grund-Versöhnung ermöglicht es, dass wir uns auch mit uns selbst und den anderen versöhnen können. Versöhnung bedeutet also zuerst einmal, dass wir in unseren Beziehungen im Frieden leben können. In meinen Gesprächen mit Menschen ist mir aber bewusst geworden, dass wir noch eine andere Art von Versöhnung brauchen: Versöhnung mit dem Leben. Wir brauchen Versöhnung mit all dem, was hinter uns liegt, was jetzt ist und was vor uns liegt. Wer in seinen Beziehungen *und* mit dem Leben versöhnt ist, der hat Frieden. Er kann ganz im Heute leben und sich zugleich auf das Ziel hin ausstrecken. Diese aktive, vorwärtsgerichtete und zugleich entspannte Grundhaltung, die Ausdruck eines versöhnten Lebens ist, umschreibt Paulus für sich so:

> *Ich vergesse, was dahinten,*
> *strecke mich aber aus nach dem, was vorn ist,*
> *und jage auf das Ziel zu,*
> *(weil ich auch von Christus Jesus ergriffen bin)*
> (vgl. Phil 3,12–14).

Zuerst wenden wir uns dem Thema Versöhnung in unseren Beziehungen zu. Aber wie können wir hier versöhnt leben? Wie oben bereits angedeutet, bildet das Versöhntsein mit Gott die Grundlage dafür.

Versöhnung mit Gott

Die Versöhnung mit Gott ist ein Angebot, das der Mensch annehmen kann oder nicht. Deshalb bittet Paulus die Korinther darum, sich mit Gott versöhnen zu lassen:

> *So sind wir nun Gesandte an Christi Statt,*
> *indem Gott gleichsam durch uns ermahnt;*
> *wir bitten für Christus: Lasst euch versöhnen mit Gott!*
> *Den, der Sünde nicht kannte,*
> *hat er für uns zur Sünde gemacht,*
> *damit wir Gottes Gerechtigkeit würden in ihm* (2Kor 5,20f).

Dieser Text weist darauf hin, dass auch Christen über dieses Grundangebot Gottes nachdenken und sich die Frage stellen sollten: Was beinhaltet dieses Angebot denn? Habe ich es wirklich angenommen? Bin ich ganz und in allem mit Gott versöhnt? Lebe ich in dieser Versöhnung?

Um uns mit Gott versöhnen zu lassen, müssen wir uns zuerst einmal der Wahrheit stellen und unsere grundsätzliche Ungerechtigkeit und Schuld Gott gegenüber erkennen. Dafür brauchen wir die Hilfe des Heiligen Geistes (vgl. Joh 16,8). Wenn wir die Grundsünde der Eigenmächtigkeit und der Abwendung von Gott – die Paulus sogar als Feindschaft bezeichnet (vgl. Röm 5,10; 8,7) – bekennen und das, was Jesus durch seinen stellvertretenden Tod am Kreuz für uns getan hat, annehmen, dürfen wir das Geschenk der Versöhnung mit Gott und der neuen Gerechtigkeit in Empfang nehmen. Dadurch, dass wir Jesus die Herrschaft über unser Leben geben, bekommen wir *das Recht, Kinder Gottes zu werden* (Joh 1,12), und Gott wird unser Vater.

Diese Versöhnung mit Gott gilt es nun auch zu bewahren. Weil unsere Verfehlungen bzw. Sünden uns von Gott trennen, ist es wichtig, die Beziehung zu Gott jeweils sofort wieder zu bereinigen. Nur so können wir mit ihm versöhnt bleiben. Genau dafür hat Gott uns das Angebot der Vergebung gemacht:

Wenn wir sagen, dass wir keine Sünde haben,
betrügen wir uns selbst,
und die Wahrheit ist nicht in uns.
Wenn wir unsere Sünden bekennen, ist er treu und gerecht,
dass er uns die Sünden vergibt
und uns reinigt von jeder Ungerechtigkeit (1Joh 1,8f).

Auch hier dürfen wir damit rechnen, dass der Heilige Geist – wenn wir bereit sind, auf ihn zu hören – uns auf unsere Verfehlungen aufmerksam macht. Die Annahme von Gottes Angebot beginnt auch hier wieder mit dem Eingeständnis unserer Schuld. Wenn wir diese im Sinne der Eigenverantwortlichkeit anerkennen und sie Gott als Sünde bekennen, können wir gewiss sein, dass er uns vergibt. Dies sagt der obige Text uns klar und deutlich zu. Über all dem, was uns vergeben worden ist – einschließlich der Konsequenzen in unserem Leben oder im Leben anderer – gilt von nun an die Verheißung von Römer 8,28: *Denen, die Gott lieb haben, müssen alle Dinge zum Guten mitwirken.*

Sich mit Gott versöhnen bedeutet aber noch etwas Zweites: ihm recht geben. – Obwohl ein Rechtsstreit mit Gott sowieso unmöglich ist (vgl. Hiob 40,1–4; Jes 45,9; Röm 3,4). Das heißt, dass wir anerkennen, dass er uns keine Rechenschaft, keine Erklärungen und keine Antworten auf unsere Fragen schuldig ist. Wir erkennen an, dass all seine Entscheidungen Ausdruck seiner Liebe sind, auch wenn wir sie im Moment nicht verstehen können. Wir stimmen zu, dass die Bibel als sein Wort zuverlässig und wahr ist, auch dort, wo sie nicht unseren Theorien entspricht. Und wir nehmen es an, dass er kein Verhinderer-Gott, sondern ein Retter-Gott ist. Sind wir in diesem Sinne mit Gott versöhnt oder tragen wir noch Vorbehalte oder Vorwürfe gegen ihn in unserem Herzen? Wir können uns entschließen, unsere Vorwürfe Punkt für Punkt fahren zu lassen. Wir können ihn auch um Offenbarung bitten, wo wir ihn nicht verstehen. Sich mit Gottes Sein und Tun zu versöhnen, ist – wie wir im Kapitel »Gott lieben« bereits gesehen haben – die Voraussetzung dafür, ihn wirklich lieben zu können.

Versöhnung mit sich und dem Nächsten

Je mehr Vergebung wir selbst empfangen haben und je vollständiger wir mit Gott versöhnt sind, desto leichter fällt es uns auch, uns mit den Mitmenschen zu versöhnen. Wenn wir uns bewusst machen, dass wir selbst Gnade empfangen haben, sollten wir anderen gegenüber eigentlich barmherziger sein (vgl. Mt 18,32f). Den anderen zu vergeben, ist ein göttlicher Auftrag, der nicht nur für unsere Beziehungen, sondern auch für uns selbst von großer

Bedeutung ist. Deshalb hat Gott daraus ein Gebot gemacht (vgl. Mt 18,34f). Mit der Erfüllung seines Gebotes können wir uns selbst Gutes tun. So wird Gottes Gebot wieder zum Angebot. Das will ich noch verständlicher machen.

In Jesu Aussage: *Lasst los, und ihr werdet losgelassen werden* (Lk 6,37), finden wir zwei wichtige Hinweise. Einerseits bedeutet es: Wenn wir anderen vergeben, vergibt Gott auch uns. Es weist aber noch auf eine andere Tatsache hin, die mir in der seelsorgerlichen Arbeit mit Menschen aufgefallen ist. Solange wir den Menschen nicht vergeben, halten wir sie innerlich fest und sind so dazu verurteilt, unser Lebenshaus dauernd mit ihnen zu teilen. »Ich vergebe dir«, bedeutet also auch: »Du bist mir nun nichts mehr schuldig; ich brauche nichts mehr von dir. Ich lasse dich los; du kannst jetzt gehen!« Welche Erleichterung kann dadurch eintreten, wenn wir gewisse Menschen endlich loslassen können und sie damit auch loswerden! Das ist aber noch nicht alles. Wenn wir den Menschen vergeben, öffnet sich für uns die Tür für die Heilung der Wunden, die sie uns geschlagen haben. Verstehen wir nun, dass Gott mit dem Auftrag zu vergeben nicht etwas Übermenschliches von uns verlangt, sondern uns Gutes tun will, damit wir im Frieden leben können?

Einem Menschen zu vergeben, ist, juristisch gesehen, ein einfacher Willensakt. »Ich vergebe dir alles, was du mir getan hast!«, würde eigentlich genügen. Damit unsere Seele durch das Vergeben aber Frieden finden kann, müssen wir sie einen Weg führen. Hier die Schritte, die sich in meiner seelsorgerlichen Arbeit bewährt haben:

- Vor Gott das Herz ausschütten, wie man einen Sack leert, damit alle Not und aller Schmerz zu ihm hin abfließen kann (vgl. Ps 62,9).

- Weil wir sie möglichst vollständig ausräumen wollen, müssen alle Anklagen, die wir in unserem Herzen tragen, ob gerechtfertigt oder nicht (vgl. die »Interpretationsfalle«,

S. 52), nun formuliert werden. Auch hier soll der Sack ganz geleert werden.

- Nun entscheiden wir uns, dem Gegenüber Punkt um Punkt bedingungslos zu vergeben.

- Damit ist das, was Gott von uns verlangt, eigentlich getan. Wir können aber noch einen freiwilligen Schritt weiter gehen und für diese Menschen vor Gott einstehen: *Herr, rechne ihnen diese Sünde nicht zu!* Hier handelte Stephanus bei seiner Steinigung so wie Jesus am Kreuz (vgl. Apg 7,60). Ihre Barmherzigkeit ging so weit, dass sie für diese Menschen auch noch Fürbitte taten. Wenn wir diesen zweiten, freiwilligen Schritt tun, stellt sich ein großer Friede ein und die Vergebung ist wirklich zur Vollendung gekommen.

- Nun können wir um Heilung für die inneren Verletzungen und um die Erfüllung von Römer 8,28 bitten – alles möge zum Besten dienen.

- Hinter diesen freiwilligen Akt der Vergebung wollen wir auch später nie wieder zurückgehen! Wir wollen lernen, unserem Entschluss treu zu bleiben: Vergeben ist vergeben!

Versöhnung mit den Menschen, mit denen wir im Alltag immer zusammenleben, bringt eine zusätzliche Herausforderung mit sich: Wir müssen bereit werden, ihnen – so wie sie übrigens auch uns – *siebzigmal siebenmal* das gleiche zu vergeben (vgl. Mt 18,21f). Vergebung muss hier zu einer Grundhaltung werden, die wir auch so ausdrücken könnten: Diese Menschen müssen wir so annehmen, wie sie sind:

Nehmt einander an, wie Christus euch angenommen hat zu Gottes Lob (Röm 15,7 | LU).

Wie nimmt Christus mich denn an? Bedingungslos, mich frei lassend, aber auch voll Hoffnung für meine Veränderung. So nimmt er ja aber auch mein Gegenüber an, das mir so viel Mühe bereitet. Dann kann ich in dieser Beziehung mit Jesus unter seinem Joch sein und mit ihm tun, was er tut: Ich kann mein Gegenüber in Jesus mit bedingungsloser Liebe und voll Hoffnung annehmen. So gewinnen wir Frieden und Freiheit auch in unseren engsten Beziehungen.

Dass auch Versöhnung mit uns selbst nötig sein kann, haben wir im Zusammenhang mit dem Röhrensystem und der Selbstbeziehung bereits angedeutet. Der Weg, wie wir andere unter Jesu Joch annehmen lernen können, lässt sich übrigens auch auf die Selbstbeziehung übertragen.

Versöhnung mit dem Leben

Worum geht es bei der Versöhnung mit dem Leben? Mich mit dem Leben zu versöhnen bedeutet, ja zu sagen zu dem, was war, was heute ist und was auf mich zukommt. Ja sagen heißt nicht, dass ich es gutheiße. Es bedeutet aber, dass ich mich entschließe, aus der Auflehnung gegen die Umstände, gegen Vergangenes oder Zukünftiges und aus dem Selbstmitleid auszusteigen. Ich verzichte darauf, schwierige Situationen als Entschuldigung für problematische Verhaltensweisen zu benutzen. Stattdessen übernehme ich die Verantwortung für mein Sein und Tun. Ich vertraue auf Gottes Zusage, dass er aus jeder Not Gutes machen kann, und bin bereit, den dafür verantwortlichen Menschen zu vergeben. Wir spüren: Durch diese mutigen Schritte werden wir frei von der Empfindung, wir hätten keinen Raum zum Leben. Sie befähigen uns, unser Leben im Heute mit Gottes Hilfe aktiv gestaltend in die Hand zu nehmen.

Die Versöhnung mit dem Leben hat ein doppeltes Ziel: sie schafft Frieden in mir und macht es gerade dadurch möglich, dass ich voll und ganz im Heute leben kann. Dies ist auch Gottes

Wunsch für uns (vgl. Mt 6,34), weil das eigentliche Leben immer nur heute stattfindet.

Wenn wir mit Teilen unseres Lebens nicht versöhnt sind, liefert der Alltag dem Vergangenen oder dem Zukünftigen immer wieder Anlässe, sich in unser Bewusstsein zu drängen, unser Denken zu besetzen und uns daran zu hindern, das zu tun, was jetzt nötig wäre. Die gleichen Auswirkungen hat es, wenn wir mit unseren Umständen und dem, was heute ist, nicht versöhnt sind. So wird unser Leben im Heute von allen Seiten bedrängt und eingeengt. Wer im Gestern oder im Morgen hängt oder sich in der Auflehnung gegen das Heute verzehrt, hat gar keine Kraft mehr, um wirklich in der Gegenwart zu leben. Das veranschaulichen die folgenden Abbildungen:

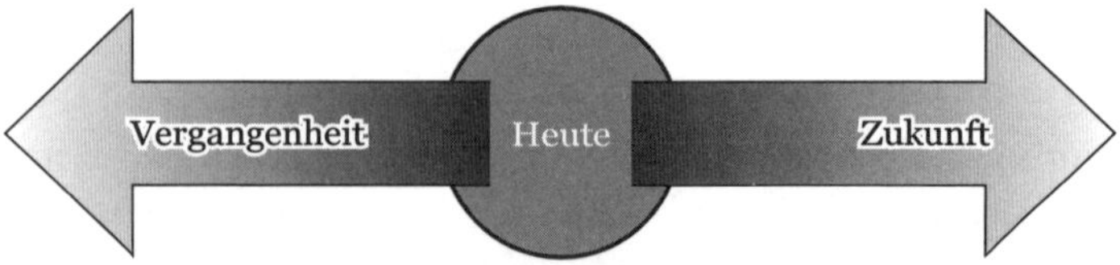

Abb. 6: Unversöhnt leben

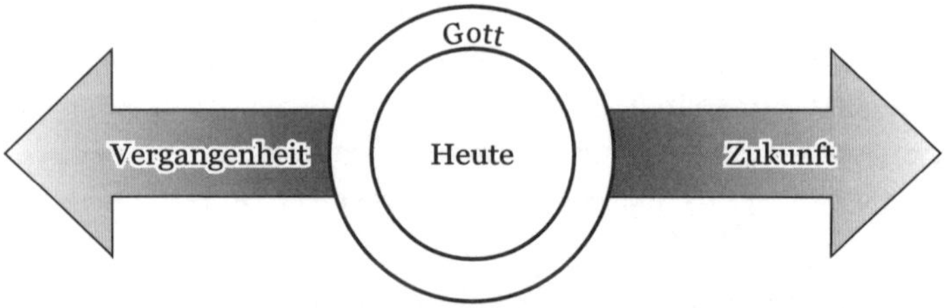

Abb. 7: Versöhnt leben

Sich mit dem, was war, was ist und was sein wird, zu versöhnen, führt dazu, dass ich meine Vergangenheit, die Umstände im Heute und meine Zukunft in Gottes Händen lassen und mich mit ganzer Kraft auf das Heute einlassen kann, so wie es Gott für mich im Voraus geplant, geformt, bereit gemacht und in seinem »Tage-Buch« eingetragen hat:

In dein Buch waren sie alle eingeschrieben,
die Tage, die gebildet wurden,
als noch keiner von ihnen da war (Ps 139,16).

Gott will unser Heute von allen Seiten schützend umgeben (vgl. Ps 139,5), damit wir ganz zu seiner Verfügung stehen und in den durch ihn vorbereiteten Werken leben können (vgl. Eph 2,10).

Aussöhnung mit der Vergangenheit

Worum geht es, wenn wir uns mit unserer Vergangenheit aussöhnen wollen, und wie kann das ganz praktisch geschehen? Vielleicht stellen Sie fest, dass Sie bereits mit viel Schwerem in Ihrer Vergangenheit versöhnt sind, gegen das Sie sich eigentlich auflehnen könnten – und wissen möglicherweise gar nicht, wie es dazu gekommen ist? Danken Sie Gott für diese ermutigende Tatsache, denn seine Gnade bewirkt vieles ohne unser Zutun. Es mag aber andere Dinge geben, die wie ein Stachel in Ihrer Erinnerung stecken und wehtun. Das können Situationen oder Ereignisse sein, zu denen Sie kein Ja haben, wo Sie etwas bereuen oder denen Sie nachtrauern. Diese Dinge sind dann wie Flaschenkorken, die im Heute immer wieder an die Oberfläche des Bewusstseins drängen.

Worum könnte es sich handeln? Um Gegebenheiten, in die Sie hineingeboren worden sind: Ihre Familie und deren soziale Stellung, die Nationalität, die Familienlinien mütterlicher- und väterlicherseits. Auch Ihre Eltern haben Sie nicht gewählt, Ihren

Namen, den Platz in der Geschwisterreihe, die Lebensumstände bei Ihrer Geburt und während Ihrer Kindheit. Besonders häufig brauchen wir Versöhnung mit unserem Lebensweg, seinen Weichenstellungen und Schicksalsschlägen, aber auch mit den von uns selbst gefällten Entscheidungen und ihren Konsequenzen.

Wenn Sie sich einmal Zeit nehmen, um Ihr Leben in Gottes Gegenwart zu überblicken, werden Sie sich der Stacheln bewusst werden, bei denen Sie Versöhnung mit dem Vergangenen brauchen. Wenn Menschen in unguter Weise an diesen Situationen beteiligt sind, sollten Sie ihnen vergeben. Bitten Sie auch um Vergebung für Ihre eigene aktive und reaktive Schuld. Dann können Sie Ihr Ja sagen zu dem, was Ihnen geschehen ist. Tauchen Sie alles ein in das, was Jesus für Sie am Kreuz getan hat, damit Sie darüber Frieden haben können (vgl. Jes 53,4f). Nun gilt über all dem wieder die schon mehrfach erwähnte, wunderbare Verheißung von Römer 8,28! So finden auch die stacheligen Ereignisse Ihres Lebens ihren Platz und Sie kommen in Ihrer Vergangenheit zur Ruhe. Mit der Rückendeckung einer bereinigten Vergangenheit in Gottes Hand können wir vorwärtsgerichtet im Heute stehen.

Versöhnt im Heute leben

Die Dinge, gegen die wir uns im Heute oft auflehnen, sind häufig die Auswirkungen vergangener Ereignisse oder Entscheidungen: der Lebenskreis, in dem wir uns bewegen, der familiäre Stand und die Familien-Situation, die beruflichen Umstände oder unsere soziale Stellung. Es können auch die gesellschaftlichen Entwicklungen sein oder die Zeit, in der wir leben. Wir brauchen aber auch Versöhnung mit den Gegebenheiten unserer menschlichen Existenz: unsere Zeit und unsere Möglichkeiten sind begrenzt, unser Tun ist stückwerkhaft und es ist unausweichlich, dass wir schuldig werden. Unsere Kräfte sind beschränkt, wir kämpfen mit Schwachheiten und Krankheiten, ja, das Leben ist und bleibt ein Kampf. Auch hier können wir, in ähnlicher Weise, wie oben umschrieben, Versöhnungsschritte tun.

Ob wir im Hinblick auf die Zukunft im Frieden leben können, hat einerseits mit der Fähigkeit zu tun, Sorgen und Ängste abzulegen (vgl. 1Petr 5,7), andererseits mit der Bereitschaft, die Konsequenzen aus dem Vergangenen und dem Heutigen im Vertrauen auf Gottes Hilfe zu tragen. Besonders herausfordernd ist es auch, wenn in unserem Leben ein großer Wechsel bevorsteht, wie etwa der Eintritt in den Ruhestand. Hier gilt es beispielsweise zu bejahen, dass unsere Kräfte nachlassen, unser Körper altert, die Kinder sich ablösen, unser Lebenskreis zunehmend enger wird und wir immer mehr abhängig werden von menschlicher Hilfe. Dazu kommt, dass wir gewisse Verantwortlichkeiten und Verpflichtungen, die zu unserem Leben gehören, nicht einfach abschütteln können. Um versöhnt leben zu können, ist die Fähigkeit, die wir ja auch für ein Leben in der Freiheit entwickeln müssen, von größter Wichtigkeit: wollen können, was wir tun sollen.

Aus dem bisher Gesagten wird klar: Versöhnt zu leben, ist eine ständige Herausforderung. Wohl jeder Tag bringt die Notwendigkeit mit sich, frühere Schritte der Versöhnung neu zu bestätigen oder die Stacheln im aktuellen Erleben durch Verdauungs- und Versöhnungsarbeit zu entfernen – sei es wegen Beziehungen, hochkommenden Erinnerungen oder wegen der Umstände. Wer sich dafür entscheidet, muss kurze Wege zur Bearbeitung schwieriger Erfahrungen finden und kreative Möglichkeiten zum Umgang mit allerlei »Trübsalen« (vgl. Röm 5,3–5) entwickeln. Diese Bewältigungsstrategien erlauben es, in der Versöhnung zu bleiben, die geprägt ist durch Vertrauen zu Gott, durch Hoffnung und durch einen erwartungsvollen, nach vorne gerichteten Blick.

Wenn wir bereit sind, grundsätzliche Schritte zur Versöhnung in allen drei Beziehungsdimensionen und dem Leben gegenüber zu gehen und das Leben in der Versöhnung zu unserem alltäglichen

Lebensstil zu machen, dann begeben wir uns auf den *Weg des Friedens* (vgl. Jes 59,8).

Der Lebensstil der Söhne und Töchter

Gott hat den Menschen einfach ... geschaffen;
aber manche wollen alles kompliziert haben
(Pred 7,29 | GNB).

Als meine Frau diesen Text in einer modernen französischen Übersetzung entdeckte und mir davon erzählte, haben wir uns beide über Gottes Humor gefreut: Er kann die Wahrheit mit einem Augenzwinkern so sagen, dass wir sofort verstehen, worum es geht, über uns selber schmunzeln und uns ein bisschen weniger wichtig nehmen können. Und dabei wird erst noch der Wunsch in uns geweckt, uns nach Gottes Ziel auszustrecken: der Rückkehr in die Einfachheit des Lebens in seiner Gegenwart, wie es von Anfang an gemeint war. Der Auftrag, den Gott dem 99-jährigen Abraham gibt, hat sich bis heute nicht geändert – er gilt auch für uns: *Ich bin Gott, der Allmächtige. Lebe vor meinem Angesicht, und sei untadelig [oder: ganz mit mir]* (1Mo 17,1).

Diese Berufung bedingt einen bestimmten Lebensstil – wir können ihr nur dann nachkommen, wenn wir unser Leben entsprechend gestalten. Aber was ist denn ein Lebensstil? Und was ist *mein* Lebensstil? Wir alle haben einen Lebensstil, auch wenn wir ihn nie bewusst gewählt haben. Die Art, wie wir unseren Alltag leben, ob wir ihn eigenverantwortlich gestalten oder durch die Umstände und Beziehungen gelebt werden, das ist unser Lebensstil. Wie würden Sie Ihren Lebensstil umschreiben? Wodurch ist er geprägt?

Jesu Lebensstil

Wir ahnen bereits, dass Gott für seine Söhne und Töchter einen Lebensstil vorgesehen hat, der ihnen die Erfüllung ihrer Berufung ermöglicht, und dass Jesus diesen als erster Mensch verwirklicht hat. Um so leben zu können, wie Jesus gelebt hat (vgl. 1.Joh 2,6), wollen wir seinen Lebensstil kennen lernen und daraus die Schlussfolgerungen für uns ziehen.

Auf die Frage, wodurch Jesu Lebensstil geprägt war, können Sie sich vieles in Erinnerung rufen, was wir in den bisherigen Kapiteln erarbeitet haben: Sein Lebensstil war bestimmt durch seine Liebe zum Vater und seine Hingabe, durch einen ununterbrochenen Kontakt mit ihm, durch seine völlige Unterordnung unter dessen Handeln, durch innere Freiheit und Eigenverantwortlichkeit, durch Unabhängigkeit von den Menschen und große Liebe zu ihnen, durch die klare innere Ordnung seiner Person, durch Zucht im Umgang mit sich selber, durch ein versöhntes Leben, durch Frieden und durch das *Makarios*-Glück.

Dazu kam bei Jesus ein klares Bewusstsein dafür, wer er war und welchen Platz er als Mensch auf Erden einzunehmen hatte. Einerseits wusste Jesus, dass er Gottes Sohn war. Andererseits trat er bewusst in die Beschränktheit und in die Verpflichtungen des Menschseins ein (vgl. Phil 2,5–8). Es ist beeindruckend, wie klar er das bereits als Kind getan hat (vgl. Lk 2,46–51). Die Versuchung, die Satan an ihn herantrug, bestand darin, diese Einschränkung auf die menschlichen Möglichkeiten abzuschütteln und seinen Platz als Mensch zu verlassen: *Wenn du Gottes Sohn bist, so wirf dich von hier hinab...* (Lk 4,9). Jesus hat dieser Versuchung widerstanden. Als die Schlange Eva vorgaukelte, durch das Essen der Frucht vom Baum der Erkenntnis würden Adam und sie *sein wie Gott,* erlag sie der Versuchung (vgl. 1Mo 3). Auch wir stehen immer wieder in der Gefahr, unsere grundsätzliche Abhängigkeit und Schwäche abschütteln zu wollen, uns stolz zu überheben und zu vergessen, wer wir eigentlich sind. Gemessen an Gottes Größe und Macht, sind wir völlig bedeutungslos, hilflos und hinfällig:

Ein Mensch ist in seinem Leben wie Gras,
er blüht wie eine Blume auf dem Felde;
wenn der Wind darüber geht, so ist sie nimmer da,
und ihre Stätte kennet sie nicht mehr (Ps 103,15f | LU).

Gottes Zuwendung und Liebe vermitteln uns aber Wert, Würde und Autorität. Darüber können wir nur staunen:

Wenn ich sehe die Himmel, deiner Finger Werk,
den Mond und die Sterne, die du bereitet hast:
was ist der Mensch, dass du seiner gedenkst,
und des Menschen Kind, dass du dich seiner annimmst?
(Ps 8,4f | LU).

Damit ist bereits auch die andere Gefahr und Versuchung angedeutet, der Jesus nie erlegen ist: Das Gefühl der Wertlosigkeit und Ohnmacht. Als Menschen sitzen wir oft auf der Wippe zwischen Stolz und Minderwertigkeit und Satan setzt sie gerne in der einen oder anderen Richtung in Bewegung, gerade wie es seinen Zwecken dienlich ist! Es ist ihm wichtig, dass wir uns der Privilegien, der Würde und der Autorität, die mit unserem neuen Stand als Söhne und Töchter Gottes verbunden sind, nicht bewusst werden oder im entscheidenden Moment daran zweifeln. Dadurch kann er uns im geistlichen Kampf außer Gefecht setzen. Um ihm zu widerstehen und an unserem Platz zu bleiben als Menschen, die das göttliche Geschenk der Sohn- oder Tochterschaft angenommen haben, brauchen wir die Gesinnung Jesu. Sie war geprägt von echter Demut (vgl. Mt 11,29). Die Demut erkennt beide Seiten der Wahrheit über den Menschen an: seine Hinfälligkeit und seine gottgeschenkte Würde.

Zum An- und Einnehmen unseres Platzes gehört auch, dass wir uns mit der Tatsache versöhnen, dass das Leben auf dieser Erde ein Kampfplatz ist und unsere Existenz letztlich immer bedroht bleibt. Aber nicht nur unser äußeres Leben ist bedroht durch Krankheit und allerlei Gefahren; auch unser inneres Gleichgewicht ist sehr instabil. Unsere Seele vollführt einen kontinuierlichen Balance-Akt wie ein Seiltänzer auf dem hohen Seil. Es ist dabei wichtig, die Regeln des Seiltanzes zu beachten: den Blick aufs Ziel richten, statt auf die Füße; Selbstbeherrschung, sich nicht vom Wesentlichen ablenken lassen und darauf achten, dass wir die Balancierstange nicht verlieren. Wenn unsere Seele das Gleichgewicht nicht mehr aufrechterhalten kann und »abstürzt«, nennen wir das in der Fachsprache Dekompensation – unsere Seele schafft es also nicht mehr, die Gleichgewichtsschwankungen auszugleichen.

Können wir etwas tun, um unsere Seele zu stärken und dazu beizutragen, dass sich ihr auf dem Seil nicht zu viele Hindernisse in den Weg stellen?

Geistlich-seelische Hygiene und Prophylaxe

Die Menschen haben geforscht und viel Wissen darüber angesammelt, wie sie ihren Körper durch Hygiene und gesunde Ernährung vor der ständig drohenden Ansteckung und vermeidbaren Krankheiten bewahren können. Wie wir mit unserer Seele prophylaktisch umgehen und sie vor Überforderung auf dem hohen Seil schützen können, darüber hat sich die Menschheit noch wenig Gedanken gemacht. Es müsste doch auch so etwas wie geistlich-seelische Hygiene und Prophylaxe geben! Es gibt sie wirklich und wir haben in den bisherigen Kapiteln schon viel darüber gesprochen: Vergeben und verdauen lernen gehören dazu; unsere Beziehungen als Autobahn zu leben, trägt dazu bei; von Gott Trost und Stillung empfangen zu können, ist ein wesentlicher Beitrag; versöhnt zu leben, erleichtert den Balance-Akt unserer Seele. Sie können die Aufzählung ergänzen!

Wenn wir Gottes Wort als Anweisung des Schöpfers ernst nehmen, der weiß, was seinen Geschöpfen gut tut und das Leben fördert, entdecken wir, dass es voll göttlicher Hygiene-Ratschläge für ein gesundes seelisch-geistliches Leben ist. Einiges davon ist mir in meinen Gesprächen mit Hilfe suchenden Menschen wichtig geworden, und fünf göttliche Ratschläge möchte ich aufgreifen. Es gäbe hier aber noch viel zu entdecken!

1. Im Heute leben:

Der morgige Tag wird für das Seine sorgen
Es ist genug, dass jeder Tag seine eigene Plage hat
(Mt 6,34 | LU).

Wie realistisch Jesus doch die Dinge beim Namen nennt: Das tägliche Leben ist ein Kampf, eine Herausforderung, manchmal gar eine Plage! Gerade deshalb will Gott, dass wir ganz im Hier und Jetzt leben. Für das, was er heute vorgesehen hat (vgl. Ps 139,16), gibt er uns die nötige Kraft. Wenn wir aber Vergangenem (wegen mangelnder Versöhnung) und Zukünftigem (durch Angst und Sorgen) in unguter Weise im Heute Raum geben, vergeuden wir unsere Kraft. Wir geraten in Unruhe und Stress, stehen Gott für seine Werke nicht zur Verfügung und haben die Kraft nicht mehr, das Heutige zu tun. Wenn es uns aber gelingt, uns durch Gottes Geist durch den von ihm vorbereiteten Tag führen zu lassen, bleiben wir im Frieden und sind abends *makarios*.

2. In den vorbereiteten Werken leben:

Wir sind ... geschaffen zu guten Werken,
die Gott vorher bereitet hat,
damit wir in ihnen wandeln sollen (Eph 2,10).

Wenn wir erkennen, dass Gott sich entschieden hat, durch Menschen an den Menschen zu handeln, verstehen wir, welche große Bedeutung für ihn die Werke haben, die er für uns vorbereitet hat: Sie sind das, was *er* durch *uns* heute tun will. Er ist immer wieder in Not, weil er niemanden hat, durch den er wirken kann: *Wen soll ich senden, und wer wird für uns gehen?* (Jes 6,8). Jesus hat sich vom Vater senden lassen. Seine Hingabe an den Vater und seine in Johannes 5,19–20 ausgedrückte Entscheidung, sich ganz dem Wirken Gottes unterzuordnen, sind Ausdruck davon. Er hat auch selbst ganz in den vorbereiteten Werken gelebt (vgl. Lk 19,5).

Was für den Vater und den Sohn galt, gilt nun auch für Jesus und uns. Dies drückt sich im biblischen Bild des Leibes aus: Jesus als Haupt will seine Werke durch uns, die Glieder seines Leibes, tun (vgl. Röm 12,4f; 1Kor 12,6). Wie einfach es ist und zugleich schwierig, Hand anzulegen bei dem, was Gott bereits tut (vgl. Joh 5,19f), habe ich einmal durch ein Bild verstanden: Ich sah ein Rad mit schönen, geschnitzten Speichen und bekam den Befehl: »Leg die Hand an die Speichen! Aber denke nicht, dass du das Rad drehst – das ist meine Sache. Ich brauche deine Hand, aber sie soll weder antreiben noch zurückhalten; sie soll mitgehen und meiner Bewegung folgen.« Es ist ein umfangreicher Lernprozess, uns in Jesu Handeln einzufügen, die für uns vorbereiteten Werke zu erkennen und dann unter der Leitung des Heiligen Geistes auch zu tun. Darauf werde ich im nächsten Kapitel noch näher eingehen.

3. Ohne Sorgen und Lasten leben:

Demütigt euch nun unter die mächtige Hand Gottes ...
indem ihr alle eure Sorge auf ihn werft!
Denn er ist besorgt für euch (1Petr 5,6f).

Ist das nicht eine interessante Aussage? Seine Sorgen auf Gott zu werfen, ist ein Akt der Demut; wer dies tut, demütigt sich unter Gottes Hand. Die Demut besteht darin, anzuerkennen, dass ich Gott ja wichtig bin, dass er um mich besorgt ist und alle Macht besitzt, um mich zu schützen und für mich zu sorgen. Das gleiche gilt auch für das, was wir als »Last des Lebens« umschreiben könnten (vgl. Ps 55,23). Der Text lässt uns verstehen, welche konkreten Schritte zum Sorgen-Abwerfen gehören:

- Wenn wir uns der Sorgengedanken bewusst werden, müssen wir sie in Worte fassen und bewusst auf Gott werfen. Es genügt also nicht, sie Gott zu bekennen oder sie ihm hinzuhalten; es braucht diesen entschiedenen Akt des Auf-ihn-Werfens.

- Das genügt aber noch nicht. Nun muss ein weiterer Schritt folgen: das Sich-unter–seine-Hand-Demütigen. Doch wie geschieht das? Die schönste Umschreibung dafür ist der Rat von Paulus, alles, was uns umtreibt, in vertrauensvolle Bittgebete zu verwandeln. Das ist die göttliche Alternative zum Sich-Sorgen-Machen mit seiner ängstlichen Betriebsamkeit. Wer so handelt, bewahrt den Frieden:

Sorgt euch um nichts,
sondern in allen Dingen lasst eure Bitten
in Gebet und Flehen
mit Danksagung vor Gott kundwerden!
Und der Friede Gottes, der allen Verstand übersteigt,
wird eure Herzen und eure Gedanken bewahren
in Christus Jesus (Phil 4,6f | LU/EF).

4. Dankbare Menschen sind glückliche Menschen.

Diese Erkenntnis hat sich in der seelsorgerlichen Arbeit mit zahlreichen Menschen bestätigt. Deshalb verschreibt uns Gott Dankbarkeit und macht einen Auftrag daraus:

> *Sagt in allem Dank!*
> *Denn dies ist der Wille Gottes in Christus Jesus für euch*
> (1Thess 5,18).

Erinnert uns das nicht an das Motto des ersten Kapitels und an die Erfahrung der jungen Frau, der die Augen aufgetan worden sind für all das Gute, das Gott Tag für Tag in ihr Leben hinein schenkte? Wer sich bewusst ist, dass der Mensch kein Anrecht hat auf ein gutes Leben; wer weiß, dass alles Gute eine Gabe Gottes ist und der Mensch es sich selbst nicht verdienen kann (vgl. Jak 1,16f), dessen innere Augen beginnen, das Gute immer deutlicher als unverdientes Geschenk Gottes wahrzunehmen. Um glücklich zu werden, genügen das Wissen und die Wahrnehmung aber nicht; unser Dank muss dem Geber aller guten Gaben auch dargebracht werden. Dazu ermutigt uns der Psalm 50,23:

> *Wer Dank opfert, verherrlicht mich und bahnt einen Weg;*
> *ihn werde ich das Heil Gottes sehen lassen.*

Durch Dankgebete bahnen wir in unserem Herzen einen Weg für die Dankbarkeits-*makarios*-Spirale: Je mehr unser Leben von Dank und Lobpreis durchdrungen wird, desto mehr gute Gaben Gottes werden wir wahrnehmen und desto glücklicher und dankbarer wird unser Herz werden. Gott will wirklich unser Glück!

5. Mit Bedrängnissen umgehen lernen:

Wir rühmen uns auch in den Bedrängnissen,
da wir wissen, dass die Bedrängnis Ausharren bewirkt,
das Ausharren aber Bewährung,
die Bewährung aber Hoffnung;
die Hoffnung aber lässt nicht zuschanden werden,
denn die Liebe Gottes ist ausgegossen in unsere Herzen
durch den Heiligen Geist (Röm 5,3–5).

Hinter dieser Aussage von Paulus steckt seine reiche, persönliche Erfahrung, dass die Bedrängnisse, die Gott uns zumutet, uns schließlich zum Guten mitwirken. Paulus weiß aber auch, dass der Weg durch die Bedrängnisse hindurch in Etappen besteht, die alle durchlaufen werden müssen: Annehmen und Aushalten – auf Gott harren und sich im unerschütterlichen Vertrauen zu ihm bewähren – die Hoffnung auf Gottes unverbrüchliche Treue und die Zuverlässigkeit seiner Zusagen bewahren – mit Freude die Erfüllung seiner Verheißungen sehen. Was uns dazu befähigt, in den einzelnen Etappen dieses Weges zu bestehen, ist Gottes Liebe zu uns, die der Heilige Geist uns bezeugen und mit der er unsere Herzen randvoll füllen will.

Und wenn das nicht geschieht? Könnte es sein, dass anderes unser Herz so ausfüllt, dass Gottes Liebe keinen Raum mehr findet? Zum Beispiel Auflehnung gegen Gott oder gegen das, was er uns zumutet? Unkraut-Gefühle wie Bitterkeit, Selbstmitleid, Neid und so weiter? Sorgen-Gedanken? Ungerechtfertigte Selbstanklagen und -Verurteilungen? Die Lähmung der Hilflosigkeit? Wenn wir diese Dinge ausräumen, sobald wir uns ihrer bewusst werden, schaffen wir Raum für Gottes Liebe, der einzigen Kraftnahrung, die unser Herz zum Weg durch die Bedrängnisse hindurch befähigen kann. Den Weg durch alle Phasen bestanden zu haben, ohne zugrunde gegangen zu sein, ist eine tiefe *Makarios*-Erfahrung.

Wir sind vom Wunsch ausgegangen, von Jesus den Lebensstil der Söhne und Töchter Gottes zu lernen. Dabei haben wir gesehen, dass dafür gewisse Grundvoraussetzungen erfüllt sein müssen: Die Herzensgesinnung der Sohnschaft; seinen Platz in der Beziehung zu Gott und zu den Mitmenschen einnehmen; Demut, die uns in die Freiheit führt; und zuletzt Gottes Ratschlägen gemäß leben. Nun wollen wir aber noch versuchen zu verstehen, wie dieser Lebensstil in unserem Alltag ganz praktisch umgesetzt werden kann.

Der Alltag

Wer aber in das vollkommene Gesetz der Freiheit
hineingeschaut hat und dabei geblieben ist,
indem er nicht ein vergesslicher Hörer,
sondern ein Täter des Werkes ist,
der wird in seinem Tun glückselig [makarios] *sein*
(Jak 1,25).

Wenn wir *makarios* sein wollen, dann müssen wir das Erkannte umsetzen; *makarios* werden wir im Tun und durchs Tun. Im Leben als Söhne und Töchter finden wir die Bestätigung, dass das, was wir bisher erkannt haben, das Gute ist, das Gott uns tun möchte (vgl. Jer 32,41). Dieses innere Zeugnis wird uns ermutigen, noch tiefer hineinzuwachsen in die Sohn- und Tochterschaft, zu der wir berufen sind.

Geleitet durch den Heiligen Geist

Das größte Geschenk Gottes an uns, damit wir als Söhne und Töchter leben können, ist der Heilige Geist, *der uns gegeben worden ist* (vgl. Röm 5,5). An dieser Tatsache gibt es nichts zu zweifeln. »Habe ich den Heiligen Geist?« ist also eine unnütze Frage; die wichtige Frage ist: »Hat der Heilige Geist mich?« oder »Gebe ich ihm Raum in mir; vertraue ich ihm; lasse ich mich von ihm leiten; strecke ich mich aus nach dem, womit er mich ausrüsten will, seiner Frucht und seinen Gaben (vgl. Gal 5,22; 1Kor 12)?« Ohne das Innewohnen des Heiligen Geistes können wir die Gotteskindschaft als Söhne oder Töchter gar nicht leben, denn er ist der *Geist der Sohnschaft* (vgl. Röm 8,14–16). Ohne ihn können wir die vorbereiteten Werke weder erkennen noch ausführen. Ohne Jesu Gegenwart in uns durch den Heiligen Geist hätten wir keine Hilfe, keine Gotteserkenntnis, und es würde uns an Kraft, Liebe und Zucht fehlen (vgl. Joh 14,16–18; 16,13f; 2Tim 1,7).

Gott vertrauen, sich ihm hingeben, sich ganz von ihm abhängig machen, bedeutet deshalb, dem Heiligen Geist Raum geben in uns, sich ihm als inneren Führer anvertrauen. Wenn wir dies tun, öffnet sich die Türe für ein Leben als Sohn oder Tochter: Wir werden lernen, uns von ihm leiten zu lassen, denn nur so können wir Sohn- und Tochterschaft im Alltag leben:

So viele durch den Geist Gottes geleitet werden,
die sind Söhne Gottes (Röm 8,14).

Was aber ist Geistleitung und wie geschieht sie ganz konkret? Der Heilige Geist ist an unserer Kommunikation mit dem Vater und mit Jesus Christus immer beteiligt; die Verbindung läuft über ihn. Deshalb können wir auch dort, wo wir des Vaters Rat suchen oder im Zwiegespräch mit Jesus stehen, um den Weg zu erkennen, von Geistleitung sprechen. Und dort, wo der Geist selber mit uns redet, entspricht seine Führung in allem Gottes

Willen – er ist mit dem Vater und dem Sohn ganz eins. Hier einige Möglichkeiten, wie Geistleitung sich in uns ganz konkret entfalten kann:

- Wenn wir uns nach Geistleitung ausstrecken und uns Gottes Willen unterordnen wollen, können wir Jesus an den Weichenstellungen unseres Tages fragen, wo er nun hingehen möchte (er will uns ja unter seinem Joch durch den Tag begleiten; vgl. Mt 11,28–30; 28,20), oder den Vater bitten, uns das nächste vorbereitete Werk zu zeigen. Wir können dabei gewiss sein, dass er uns antworten und uns davor bewahren wird, vom Feind getäuscht zu werden (vgl. Lk 11,9–13). Nur wenn wir aufgrund des Vertrauens zu Gott dann auch das Risiko eingehen, das innerlich Erkannte auszuführen, werden wir in diesem Lernprozess weiter wachsen. Wie bei allem Lernen wird es am Anfang auch Hörfehler und Misserfolge geben. Deshalb ist es sinnvoll, dies zuerst in Bereichen einzuüben, wo die Konsequenzen uns selbst betreffen.

- Statt uns nur an den Weichenstellungen unseres Tages mit Gott zu unterhalten, können wir auch ins kontinuierliche Zwiegespräch mit Jesus beziehungsweise dem Vater eintreten und über alles mit ihm austauschen: Über unser Erleben, ihn nach seiner Sicht über etwas fragen, ein Gegenüber obenherum segnen, uns die richtigen Worte schenken lassen, Kreativität für ein Problem erbitten, die Radionachrichten fürbittend hören und so weiter. Wer so lebt, wird dadurch gesegnet. Sein Herz und seine Gedanken werden im Frieden bewahrt (vgl. Phil 4,7), er wird mit *Makarios*-Erleben beschenkt und durch das Leben vor Gottes Angesicht wird er innerlich umgestaltet in seine Gottesebenbildlichkeit (vgl. 2Kor 3,18).

- Für die nächste Möglichkeit liefert uns die Computersprache ein Bild: Mit Gott *online* bleiben. Jesu Beziehung zum Vater in den wichtigen Momenten seines Auftrages stelle ich mir so vor: Eine kontinuierliche, enge innere Verbindung, ohne viele Fragen und bewusstes Zwiegespräch, ohne dass der Geist ihn treiben musste. Jesus wusste in seinem Inneren um den Willen des Vaters und war erfüllt von ihm, sodass er ganz darin leben konnte. Dies drückt sich beispielsweise im Bericht über die Auferweckung des Lazarus aus (vgl. Joh 11,4.14.15.41f). Auch uns ist dieses zweifelsfreie Wissen für besondere Situationen zugesagt (z. B. Mk 13,11). Diese unbegründbare innere Gewissheit, was Gott nun tun will, habe ich selber in tiefen seelsorgerlichen Momenten immer wieder erfahren. Wir können uns danach ausstrecken, dass diese enge Verbindung mit Gott immer mehr auch in alltäglichen Situationen möglich wird.

Mit Gott im Beruf stehen

Vielleicht haben Sie beim Lesen der obigen Abschnitte vor allem an private Situationen und Beziehungen gedacht. Wie steht es aber mit dem Beruf? Viele gläubige Menschen sind der Ansicht, dass der Glaube nichts mit einem professionellen beruflichen Handeln zu tun hat. Wie unsinnig und schade! Gott ist in allem, was Menschen tun können, der vollkommene Experte: Er ist der kreativste Architekt, der zuverlässigste Ingenieur, der beste Automechaniker, der kompetenteste Förster oder der heilgewaltigste Arzt. Zur Bestätigung genügt es, an die göttliche Zurüstung der Handwerker und an die genauen Anweisungen zu denken, die Gott für die Errichtung der Stiftshütte gegeben hat (vgl. 2Mo 25,8–31,11).

Ich bin zutiefst davon überzeugt: Wenn wir unsere berufliche Arbeit als von Gott vorbereitetes gutes Werk ansehen; wenn es unser Ziel ist, ihn dadurch zu verherrlichen; wenn wir uns in allem ganz von ihm abhängig machen, indem wir uns mit ihm beraten und uns die Lösungen und schöpferischen Gedanken schenken lassen, dann werden wir durch Gottes Hilfe zu kompetenten und innovativen Fachleuten werden (vgl. die Verheißung in 5Mo 28,12f). Gott möchte uns unserer Gesellschaft und unserem Land zum Segen setzen, so wie er Josef für das Haus des Potifar und für ganz Ägypten zum Segen gesetzt hat (vgl. 1Mo 39,2–5; 41, 38–40).

Wenn Sie sich darauf einlassen möchten, rate ich Ihnen zu einem klaren Anfangsschritt: Übergeben Sie Gott Ihre berufliche Tätigkeit, damit er sich in ihr verherrlichen kann. Geben Sie Ihr ganzes Fachwissen und Ihre berufliche Kompetenz an Gott ab, damit er darüber verfügen kann. Entschließen Sie sich dazu, sich nicht mehr dadurch, sondern durch das leiten zu lassen, was er Ihnen durch seinen Geist geben wird (vgl. Spr 3,5–7). Verzichten Sie darauf, durch Ihren Beruf Ansehen und Anerkennung gewinnen zu wollen, damit die Ehre für alles Gelingen Gott zukommen kann. Erklären Sie sich damit einverstanden, dass Ihr Arbeitgeber, Ihr Chef, Ihre Mitarbeiter und die Kunden durch Sie gesegnet werden. Wenn Sie sich darauf einlassen, werden Sie auch in Ihrem Beruf *makarios* werden.

Nun wollen wir uns noch der Frage zuwenden, welche Alltagsgestaltung dem Lebensstil der Söhne und Töchter Gottes entspricht.

Den Tag beginnen

Die beste Zeit unseres Tages wollen wir mit ihm verbringen. Welches für Sie persönlich die beste Zeit ist, in der Sie klar denken und intensiv erleben können, wo Sie wach und aufnahmefähig sind, das müssen Sie selber entscheiden. Mir scheinen Menschen privilegiert zu sein, für die das der frühe Morgen ist. So war es auch bei Jesus: Die beste Zeit des Tages war für ihn vor Tagesanbruch (vgl. Mk 1,35). Auch ich erlebe diese Morgenzeiten als gesegnete Momente, wo es zuerst nur um die Beziehung zum

Vater oder zu Jesus geht – also noch nicht um Aufträge, Fragen oder Sorgen. Ein Teil dieser Zeit dient auch dazu, meine Seele bei Gott zu stillen (vgl. Ps 131,2). Dann kann ich mich Gott für diesen Tag hingeben und darum bitten, dass er mir das Ohr weckt und die Zunge befähigt (vgl. Jes 50,4f).

In diese kostbare Morgenzeit gehört für mich zudem eine intensive Begegnung mit Gottes Wort. Oft habe ich dafür ein mehrere Monate dauerndes Projekt. Zurzeit lese ich zum Beispiel alle Paulusbriefe in der vermuteten Reihenfolge der Entstehung. Die täglichen Portionen bestehen manchmal nur aus wenigen Versen; ich lese sie aufmerksam durch und versuche, die Aussagen ganz zu verstehen. Dann lese ich alle in meiner Bibel angegebenen Parallelstellen nach. Was ich immer noch nicht verstehe, bespreche ich im inneren Zwiegespräch mit Gott. In einem zweiten Durchgang nehme ich das Gelesene im Gebet für mich oder in der Fürbitte für meine Frau und unsere Kinder auf. Aus dieser Lektüre ergibt sich oft so etwas wie ein Tagesmotto, an das ich dann immer wieder erinnert werde. Auf diese Weise wird mir Gottes Wort vertraut und lieb. Ich lerne Gott und seine Gedanken immer besser erkennen, mein Geist wird ernährt und gestärkt (vgl. Mt 4,4). So entsteht ein reicher Schatz in mir, dessen sich der Heilige Geist in seelsorgerlichen und alltäglichen Situationen bedienen kann (vgl. Mt 13,52; Kol 3,16). Außerdem arbeitet der Heilige Geist durch die korrigierende und zurechtbringende Kraft des Wortes an meiner inneren Veränderung (vgl. Hebr 4,12f).

Die vorbereiteten Werke ausleben

Nun sind wir bereit, in den von Gott liebevoll ausgedachten und vorbereiteten Tag (vgl. Ps 139,16) einzutreten, indem wir uns danach ausstrecken, in allem in Gottes Gegenwart zu bleiben. Dies könnte Paulus gemeint haben, wenn er den Thessalonichern den Rat gibt: *Betet unablässig!* (1Thess 5,17 – unablässig im Sinne von »keine Gelegenheit auslassen«).

Den Weg durch den Tag hindurch unter der Leitung des Heiligen Geistes (vgl. Röm 8,14) möchte ich mit dem bereits im letzten Kapitel erwähnten Text von Epheser 2,10 in Verbindung bringen, wo es um die vorbereiteten Werke geht.

Ich stelle mir den von Gott geformten Tag manchmal vor wie eine Perlenkette aus vorbereiteten Werken. Wie können wir in ihnen leben? Was ist dabei zu beachten? Hier kann noch ein anderer Vergleich hilfreich sein: Die guten Werke sind wie eine Fußspur durch tiefen Schnee. Ich habe die Wahl, meine eigene Spur zu legen oder in Gottes Fußstapfen einzutreten. Wenn ich mich für Gottes Fußspur entscheide, habe ich immer nur gerade den nächsten Schritt zu erkennen. Neben der Abfolge der Werke gilt es auch, die Zeit zu beachten: Jedes vorbereitete Werk hat seinen richtigen Zeitpunkt, eine angemessene Dauer und eine entsprechende Ausführungsweise – auch hierbei müssen wir uns durch Gottes Geist leiten lassen.

Am schwierigsten zu erkennen ist manchmal der Endpunkt: Wann ist ein Werk aus Gottes Sicht abgeschlossen? Je nach unserem Charakter sind wir mit sehr wenig Vollkommenheit zufrieden, während Gott für Perfektionisten oft zu früh aufhört. Gottes Vollkommenheit hat andere Kriterien als unsere. Auch Zeiten der Ruhe und der Entspannung gehören zu den für jeden Tag vorbereiteten Werken. Das Entlastendste am Angebot der vorbereiteten Werke ist für mich aber, dass wir sie nachher dem Meister bringen und in seine Hand legen dürfen. Er bringt sie dann zurecht. Ich erinnere mich daran, wie ich Gott ein Ehe-Seminar zurückgab, das völlig misslungen war: »Herr, ich bin so enttäuscht, ich habe völlig versagt. Es war eine Katastrophe! Bitte vergib mir.« »Ja, liebes Kind, es war eine Katastrophe! Aber es macht nichts. Wenn du es mir nun übergibst, werde ich für jedes Paar genau das daraus machen, was ich mir für sie vorgenommen hatte.« Dann empfangen wir Vergebung *und der Friede Gottes, der höher ist als alle Vernunft*, erfüllt unsere Herzen (vgl.

Phil 4,7 | LU). Die höchste Anerkennung, die mir zuteil werden kann, besteht darin, dass mein Herr mir sagt: *Recht so, du guter und treuer Knecht!* (Mt 25,21). Und in seiner barmherzigen Liebe sagt er das häufiger, als ich es zu verdienen meine.

Und was machen wir als Söhne und Töchter, wenn wir in einem Werk irgendwo stecken bleiben und nicht weiter wissen ?

Wenn aber jemand von euch Weisheit mangelt,
so bitte er Gott,
der allen willig gibt und keine Vorwürfe macht,
und sie wird ihm gegeben werden (Jak 1,5).

Zu bitten ist nicht unser normaler seelischer Reflex – wir beißen eher die Zähne zusammen und bemühen uns krampfhaft. Jesus lädt uns zum Bitten und Empfangen ein und sein Versprechen geht sehr weit: *Bittet, und es wird euch gegeben werden; ... Denn jeder Bittende empfängt* (Lk 11,9f). Bitten und empfangen – das ist der Weg der Gnade. Er gilt immer: wenn es uns an Verständnis, an Kreativität, Befähigung, Effizienz, Kraft oder Konzentration fehlt (wie mir gerade, wo es gegen das Ende meiner heutigen Schreibzeit geht). Uns auf Gottes Weg des Bittens und Empfangens einzulassen, bedeutet aber auch, das anzunehmen, was er uns dann gibt (z. B. statt erneuerter Konzentration vielleicht den Befehl: »Für heute ist es genug. Lass dein Ziel, das Kapitel zu Ende zu führen, fallen!«).

Es ist Gottes Wunsch, dass wir durch unseren Tageslauf hindurch den Frieden nicht verlieren. Für die Bewahrung des Friedens ist es wichtig, dass wir unsere innere Befindlichkeit wahrnehmen und im Auge behalten lernen. Sobald wir Unzufriedenheit, Unruhe oder andere »stachelige Gefühle« in uns erkennen, sollten wir kurz innehalten und klären, was unserer Seele den Frieden raubt (vgl. das innere Selbstgespräch in Psalm 42,6). Wir lassen also nichts anstehen – umgehend packen wir die nötige Verdauungsarbeit an, bis der Friede Gottes wieder in uns aufgerichtet ist. Wenn es uns ein echtes Anliegen ist, auch an turbulenten und »stacheligen« Tagen im Frieden Gottes zu bleiben, dann können wir mit Gottes Hilfe kurze innere Wege für diese Aufräum-Aktionen finden. So stellen wir die innere Ordnung immer wieder her und bewahren den Frieden.

Sich von Gott raten lassen

Gott freut sich, wenn er unser Ratgeber sein darf. Er rät uns gern, und sein Rat ist vollkommen, weil er uns selbst, die Zukunft und alle Konsequenzen eines Schrittes schon kennt. Es betrübt ihn, wenn wir seinen Rat nicht suchen oder annehmen (vgl. Spr 1,29–31). Wie können wir Gott um Rat bitten? Zuerst möchte ich etwas sagen zu den Voraussetzungen, die dafür in uns erfüllt sein müssen: Wir sollten fähig sein, Entscheidungen in eigener Verantwortung zu fällen, und bereit sein, deren Konsequenzen zu tragen. Auf Gott zu hören, ist also kein Fluchtweg für Menschen mit Entscheidungsschwierigkeiten. Wenn wir Gottes Rat suchen, ist es wichtig, dass wir für jede Antwort offen sind und bereit, seinen Rat dann auch umzusetzen. Gottes Rat nimmt uns die Entscheidung nicht ab. Was wir nachher tun, bleibt unsere Wahl, für die wir die Verantwortung ganz übernehmen sollten, ohne uns den Menschen gegenüber hinter Gott zu verstecken.

Aus der persönlichen und der seelsorgerlichen Erfahrung heraus möchte ich Ihnen nun aufzeigen, wie Sie ganz konkret vorgehen können, um Gottes Rat zu suchen. Am hilfreichsten ist es, wenn Sie zu zweit gleichzeitig in der Stille auf Gott hören können; so gewinnen Sie eine Bestätigung durch einen zweiten Zeugen (vgl. Joh 8,17). Zuerst formulieren Sie die Frage, mit der Sie vor Gott kommen wollen. Am geeignetsten sind Ja/Nein-Fragen beziehungsweise solche, bei denen es nur zwei Alternativen gibt. Auch komplexe Fragestellungen lassen sich in einen Fragen-Baum verwandeln, bei dem wir in zwei bis drei Schritten durch Alternativ-Fragen zum Ziel kommen können. Wenn die

Frage geklärt ist, bitten Sie Gott miteinander um offene Ohren und Übereinstimmung; dann werden Sie still vor ihm.

Nun gilt es, den inneren »Landeplatz« freizumachen von allem suchenden Nachdenken und von den eigenen Überlegungen, Wünschen oder Befürchtungen, vertrauensvoll auf Gottes Reden zu harren, mit gespanntem inneren Ohr hinaufzuhören. Nehmen Sie alles ernst, was nun bei Ihnen »landet«: eine Bibelstelle, eine Erinnerung, ein Bild, ein Wort, ein Gefühl – Gott kann durch die ganze Palette der seelischen Möglichkeiten zu uns sprechen. Beim anschließenden Sammeln ist es wichtig, dass beide Personen nicht über das hinausgehen, was Sie empfangen haben, aber auch nichts davon weglassen, so unbedeutend es Ihnen auch scheinen mag. Erst nachdem Sie das Empfangene zusammengetragen haben, sollten Sie darüber miteinander austauschen. Manchmal entsteht aus der ersten Hörzeit eine neue Frage, die ein zweites Hören nötig macht. Das Ziel dieses gemeinsamen Vor-Gott-Seins ist nicht, dass beide Beter in allem übereinstimmen, sondern dass die betroffene Person durch den gemeinsamen Weg im Hören zu einer festen inneren Überzeugung gelangt.

Aus der Gewissheit heraus, dass Gott uns wirklich raten will, bin ich auch gewiss, dass Gott Sie durch die obigen Hinweise Ihren eigenen Weg finden lassen wird, wie Sie sich seinen Rat einholen können.

Vom Segen der Nacht

So, wie der Einstieg in den Tag große Auswirkungen hat, so kommt auch dem Tagesabschluss mit Gott große Bedeutung zu. Gott hat die Zeit durch die Schaffung der Nacht portioniert und jeden Tag als Einheit vorgesehen. Deshalb gilt, was Johannes Zwick gedichtet hat: »All Morgen ist ganz frisch und neu des Herren Gnad und große Treu.« Dazu kommt, dass Gott auf die Nacht als Zäsur zwischen zwei Tageseinheiten einen großen

Segen gelegt hat. In der Nacht, in der unser Körper regeneriert und unsere Seele verarbeitet (z. B. durch die Träume), wirkt auch Gott durch seinen Geist und ohne unsere bewusste Beteiligung an uns als ganzer Person mit Leib, Seele und Geist (vgl. Jer 31,25f). Was können wir nun dazu beitragen, dass der ganze göttliche Segen auf unsere Nächte kommt?

Das Abendgebet, das ich Ihnen vorschlage, besteht aus drei Schritten:

- Es ist wichtig, dass wir nichts aus dem heutigen Tag in die Nacht hinein mitnehmen. Deshalb gehen wir den Tag mit allem Erlebten noch einmal sorgfältig durch; alles Unverdaute bearbeiten wir im Gebet und geben Gott den Tag mit Dank zurück. Den so geordneten Tag in Gottes Hand zu legen, ermöglicht einen erquickenden Schlaf (vgl. Spr 3,23f).

- Nun legen wir den morgigen Tag bewusst ab, denn *der morgige Tag wird für sich selbst sorgen* (Mt 6,34).

- Für die Nacht begeben wir uns und unsere Angehörigen nun unter Gottes Schutz und in seinen Frieden (vgl. Ps 4,9) und bitten um sein Wirken an uns während des Schlafs – wie er es etwa bei Hiob tat (Hiob 33,13–18; vgl. Mt 27,19 und Ps 127,2). So kann uns alles Gute zukommen, das Gott uns schenken möchte.

Gott macht uns das Angebot, in unserem persönlichen und beruflichen Alltag als Sohn oder Tochter Gottes auf die oben beschriebene Weise leben zu dürfen. Das ist wirklich eine »Frohe Botschaft«! Aber vielleicht sind Sie jetzt auch ein wenig beeindruckt oder hilflos und stehen wie vor einem großen Berg: Wo beginne ich damit, das alles umzusetzen? Mit einem Berg wird man fertig, indem man einen Steinbruch daraus macht. Bei einem Steinbruch geht es immer nur um den einen Stein, den man jetzt gerade herauslösen will (vgl. im Anhang »Die Kunst der kleinen Schritte«, S. 126). So möge Gott Ihnen zeigen, mit welchem Stein Sie die Umsetzung dessen, was Sie von Herzen wollen, beginnen sollen.

Lobpreis der Gnade

Dem aber, der über alles hinaus zu tun vermag,
über die Maßen mehr, als wir erbitten und erdenken,
gemäß der Kraft, die in uns wirkt,
ihm sei die Herrlichkeit ... von Ewigkeit zu Ewigkeit! Amen
(Eph 3,20f).

In gewissen Momenten meines Lebens, wo die Situation für mich etwas verwirrend und verunsichernd war, habe ich in mir den Rat gehört: »Sage über dieser Sache jetzt Halleluja!« (vgl. Offb 19,1). Und das habe ich im Glauben dann jeweils getan. Was heißt »Halleluja«? Es bedeutet: »Lobet den Herrn!« Diese Aufforderung bewirkt eine innere Umkehr: Wir wenden uns ab von der Situation, wie wir sie zurzeit erleben, und wenden uns bewusst dem liebenden, gnädigen, allwissenden und allmächtigen Gott zu, der unsere Person, unser Leben und alle Umstände in seiner Hand hält.

Es könnte Ihnen, nach allem, was Ihnen durch die Lektüre dieses Buches bewusst geworden und was in Ihnen ausgelöst worden ist, nun auch ergehen wie den Zuhörern von Petrus an Pfingsten. Die wurden von einer gewissen Hilflosigkeit ergriffen und riefen aus: *Was sollen wir tun?* (Apg 2,37). Vielleicht haben Sie sich bereits während der Lektüre auf den Weg gemacht und gemäß Ihrer Erkenntnisse einige Entscheidungen getroffen. Diese versuchen Sie nun entsprechend der Kunst der kleinen Schritte im Alltag umzusetzen. Dabei dürfte Ihnen jedoch bewusst sein, dass der Weg bis zum Ziel der Christusähnlichkeit und ihrem *Makarios*-Glück noch weit ist.

Gott kommt mit uns zum Ziel

Ob es nun eine gewisse Hilflosigkeit ist oder das Bewusstsein des noch weiten Weges, was Sie erfüllt, sagen Sie über Ihrer ganzen Situation nun: »Halleluja!« Dies ist keine magische Handlung, sondern ein Bekenntnis des Glaubens: »Ich gestehe dir, mein Herr und Gott, die Unfähigkeit ein, mich selbst zu dem zu machen, wie du mich gemeint hast. Ich kann das Ziel des Friedens und des *Makarios*-Glücks nicht erreichen. Ich lege aber mich als Person und mein Leben in deine Hände. Ich vertraue mich dir ganz an. Im Glauben danke ich dir dafür, dass es dir eine Freude ist, mir Gutes zu tun, und dass du das gute Werk, das du in mir angefangen hast, mit deiner allmächtigen Kraft auch vollenden wirst« (vgl. Phil 1,6).

In die gleiche Richtung führt ein zusätzlicher Schritt, zu dem ich Menschen in meiner Arbeit immer wieder ermutigt habe. Ausgelöst wurde dieser seelsorgerliche Weg durch einen Begriff von Paulus. Er spricht vom *Wasserbad* und vom *Bad der Wiedergeburt und Erneuerung* (vgl. Eph 5,26; Tit 3,5). Dies ist ein Bild für unsere Reinigung, Veränderung und Heiligung. Es geht Paulus dabei um den inneren Umgestaltungsprozess, durch den Gott uns in die Christusähnlichkeit hinein verwandeln will. Der

Begriff *Wasserbad* weckte in mir die Vorstellung eines riesigen Wasserbeckens, in dem die ganze Erlösung, Heilung und Erneuerung, die Jesus für uns am Kreuz erwirkt hat (vgl. Joh 19,30), gesammelt ist. Im Vertrauen auf sein Werk und seine Kraft dürfen wir nun, Punkt um Punkt, alles dort hinein versenken, was in uns noch Erlösung, Heilung und Erneuerung braucht. Wir vertrauen es Jesus an und rechnen mit seiner in uns wirksamen Kraft. Wenn er uns dann später an dem einen oder anderen Teil des Veränderungsprozesses beteiligen will und unseren Beitrag braucht – indem wir zum Beispiel anderen vergeben –, wird er es uns durch seinen Geist bewusst machen. So können wir unseren Blick nun vom Ungelösten und Unvollendeten in unserem Leben abwenden und uns im Glauben und in der Hoffnung ganz zu Gott hinwenden.

Die Gewissheit, dass Gott in uns wirklich zum Ziel kommt, wird im Motto zu diesem Kapitel in eindrücklicher Weise ausgedrückt. Die Aussage dieses Wortes ist über alle Maßen ermutigend. Gott wird sich nicht nur um all das kümmern, worum wir ihn bitten und was wir ihm anvertrauen – er wird noch viel mehr für uns tun, nämlich alles ausführen, was seinem liebevollen, vollkommenen Willen für uns, seinen Söhnen und Töchtern, entspricht. Wer von uns Kinder hat, weiß, dass Eltern oft auch Segenswünsche für ihre Kinder haben, die diese sich nicht einmal erträumen – so geht es auch Gott mit uns. Und dafür sei ihm *die Herrlichkeit von Ewigkeit zu Ewigkeit! Amen* (Gal 1,5).

Gottes Gnade

Der Grund, weshalb wir uns dessen so gewiss sein können, dass Gott mit uns zum Ziel kommt, liegt in seiner Gnade. Wir wollen versuchen zu verstehen, was Gottes Gnade bedeutet. Das griechische Wort *charis* bezeichnet:

»... eine Gunst, die ohne Erwartung von Vergeltung oder Gegenseitigkeit gewährt wird. (Sie drückt) die absolute Freiheit der Barmherzigkeit Gottes gegen die Menschen [aus], die ihren einzigen Beweggrund in der Güte und Freimütigkeit des Gebers hat; [*charis*] meint unverdiente Gunst. ... Gottes Gnade wirkt sich auf die Sündigkeit des Menschen aus und vergibt nicht nur dem reuigen Sünder, sondern bringt ihm auch Freude und Dankbarkeit« (Elberfelder Studienbibel, S. 1034).

Die Liebe ist Gottes ureigentliche Natur, und die findet in der Gnade Ausdruck. In den bisher angesprochenen Themen sind wir Gottes Gnade in vielfältiger Weise begegnet. Wenn wir uns diese Dinge nochmals bewusst machen, wird unser Herz Gottes Gnade umso tiefer verstehen und sich darüber freuen:

- *Gottes Gnade kommt in seinem Wesen zum Ausdruck:*

  Es ist ihm eine Freude,
  uns ohne Vorbedingungen Gutes zu tun.

  Er will sich uns offenbaren,
  damit wir ihn kennen lernen können.

  Er sehnt sich nach einer Liebes-Beziehung
  und nach Austausch mit uns.

  Er will uns an seinem Handeln beteiligen,
  seine Werke durch uns tun.

  Er lässt uns frei, sodass wir sogar gegen seinen
  Willen handeln und uns von ihm abwenden können.
  Dies ist im Sündenfall dann auch geschehen.

- *Gottes Gnade kommt in seinem Handeln zum Ausdruck:*

  Er schafft uns nach seinem Ebenbild
  zu einem freien Gegenüber für ihn.

  Nach dem Sündenfall versöhnt er uns mit sich selber
  durch die Hingabe seines Sohnes.

Wer Jesus Christus aufnimmt, kann Gott als Vater finden,
sein Kind werden und in die Neue Schöpfung eintreten.
Er ist zur Sohn- bzw. Tochterschaft berufen.

Jesus Christus bietet sich uns als Vorbild an
für den Lebensstil der Söhne und Töchter.

Gott lässt seinen Geist in uns wohnen,
der uns leitet, ausrüstet
und in uns bewirkt, was Gott will.
Der Heilige Geist ist der Geist der Sohnschaft.

- *Gottes Gnade zeigt sich in seinen Angeboten:*

Gottes Angebote sind Ausdruck seiner Liebe
und der Freiheit, die er uns lässt.
Er zwingt sie uns nicht auf.
Wenn wir sie empfangen wollen, müssen wir sie annehmen.

Das größte Angebot ist die Erlösung
aus der Sklaverei der Sünde,
hinein in die Freiheit der Kinder Gottes.

Dazu gehört die Neuschöpfung:
das Geschenk einer neuen Gesinnung
mit den daraus entspringenden Taten und Worten.
Diese dürfen wir anziehen wie neue Kleider.

Er stellt uns alles zur Verfügung, was wir brauchen:
Liebe, die Frucht und die Gaben des Geistes,
Weisheit, Erkenntnis und Kraft.

Er hat jeden unserer Tage
und jedes einzelne Werk für uns vorbereitet.

Er will uns in all unseren Bedürfnissen stillen.

Er ermöglicht es uns,
mit dem Leben
und in unseren Beziehungen versöhnt zu sein.

Er bietet sich für alle unsere Beziehungen
als Vermittlungs-Partner im Beziehungsdreieck an.

Er rät uns, was unser Leben einfach macht
und unsere innere Stabilität schützt.

Er lehrt uns den Weg des Friedens
und zum *Makarios*-Glück.

Ist es nicht beeindruckend, wenn mir bewusst wird, wie überreich die Fülle der Gnade Gottes ist, und dass diese Gnade mir
ganz persönlich gilt? Ich erinnere mich noch, welch umwer-
fende Erfahrung es für eine Frau in der Seelsorge war, dies zu
erkennen. Im Gebet dankte sie Jesus dann dafür: »Ich danke dir,
dass du mich am Horizont schon gesehen hast, als du am Kreuz
hingst, um für mich zu sterben.« So gilt Gottes Gnade jedem von
uns ganz persönlich.

In der Gnade bleiben

Mehrere seiner Briefe schließt Paulus mit folgendem Schluss-
Segen ab:

Die Gnade unseres Herrn Jesus Christus sei mit euch!
(1Thess 5,28).

Damit will Paulus nicht sagen, dass Gottes Gnade von uns weichen könnte – dann wäre sie ja nicht mehr Gnade. Es geht ihm
um seine Leser: Sie sollen nicht von der Gnade weichen, sondern
in ihr bleiben und aus der Gnade leben. Was damit gemeint sein
könnte, möchte ich durch ein Bild aufzeigen, durch das mir ver-
ständlich wurde, weshalb gewisse Menschen mehr gesegnet sind
als andere. Gottes Segen kann mit einer fest installierten Dusch-
brause verglichen werden: Je nachdem, wo wir uns hinstellen,
fällt der ganze Segensstrom auf uns herab – oder wir bekommen

lediglich noch ein paar Spritzer davon ab. Wer versucht, an dem Platz zu stehen, den Gott ihm zugeordnet hat, und im Zentrum von Gottes Willen zu bleiben, wird reichen Segen erfahren; wer seinen eigenen Willen tun will oder ein Grenzgänger des Glaubens ist, der bewegt sich außerhalb des Segenskreises für Gottes Söhne und Töchter und wird nur noch durch die allen Menschen geltende allgemeine Gnade Gottes erreicht (vgl. Mt 5,45).

So stelle ich es mir auch für die Gnade vor: Gnade ist wie ein abgegrenzter Bereich, in dem Gottes Wille Geltung hat – Gottes Herrschaftsbereich ist der Bereich der Gnade. Wer tut, was Gottes Willen widerspricht, verlässt den Bereich der Gnade. Wer Buße tut und umkehrt, kehrt dorthin zurück. Wer Gottes Liebe durch Werke verdienen will, fällt aus der Gnade. Wer Satans Versuchungen und Einflüsterungen nicht widersteht, lässt sich aus dem Reich der Gnade hinauslocken. Wer sich durch schwierige Umstände und Leiden von Gottes Liebe scheiden lässt, verliert das Gnadengeschenk des Friedens. Paulus und den anderen Aposteln war es deshalb ein großes Anliegen, dass wir *in der Gnade wandeln, nicht aus der Gnade fallen, in der Gnade stark sind* und *in der Gnade wachsen* (vgl. 2Kor 1,12; Gal 5,4; 2Tim 2,1; 2Petr 3,18).

Sicher können Sie sich nun vorstellen, was es bedeuten könnte, *in der Gnade zu wandeln*. Gott will uns davor bewahren, aus der Gnade herauszutreten. Dies tut er durch seinen Geist, der in uns das Bewusstsein dafür wecken und uns warnen will, wenn wir das Reich der Gnade verlassen. So gibt er uns die Möglichkeit, uns dafür zu entscheiden, in der Gnade zu bleiben. Paulus schreibt: *Er hat uns errettet von der Macht der Finsternis und hat uns versetzt in das Reich seines lieben Sohnes* (Kol 1,13 | LU). Das hat in mir den Wunsch entstehen lassen, Gott möge mich in der Mitte seines Reiches einpflanzen, damit mich ein langer Weg von der Grenze der Gnade trennt.

In der Gnade zu wachsen und stark zu werden, steht in engem Zusammenhang mit dem, was der Begriff »Heiligung«, dem wir schon mehrere Male begegnet sind, umschreibt. Heiligung ist das Werk der Gnade, das der Heilige Geist an uns vollzieht (vgl. 1Kor 6,11; 2Thess 2,13). Je stärker wir fortschreiten in der Heiligung, desto stärker werden wir in der Gnade.

Heiligung

Heiligung ist der fortschreitende Veränderungsprozess, durch den wir zu dem werden, was wir durch die Neuschöpfung in Jesus Christus bereits sind. In der unten stehenden Zeichnung wird er bildhaft dargestellt: Heiligung ist der Weg vom alten ins neue, größere Haus. Dieser Weg ist aber kein geradlinig-progressiver Entwicklungsprozess an der ganzen Front. In der Realität unseres Lebens spielt er sich so ab, dass wir in gewissen Bereichen bereits für längere Zeit im Neuen leben können, bis wir – vielleicht unter Druck – wieder ins Alte zurückfallen. Die Bereinigung dieses Rückfalles ermöglicht uns dann die Rückkehr ins Neue. In anderen Bereichen unseres Lebens dagegen mögen wir noch ganz im Alten stecken oder haben nur erste Erfahrungen mit dem Neuen gemacht. Gleichzeitig mag es aber auch Bereiche geben, wo wir schon fest im Neuen verankert sind. In der Heiligung zu wachsen, würde also bedeuten, dass wir in immer mehr Bereichen unseres Lebens für immer längere Zeit im neuen Haus leben können.

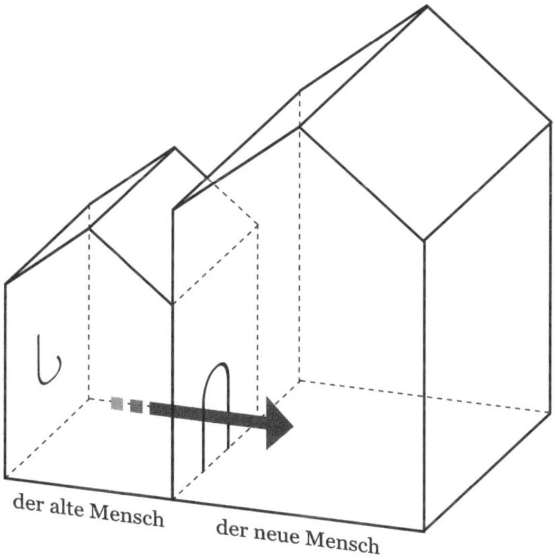

der alte Mensch

der neue Mensch

Abb. 8: Der Prozess der Heiligung

Welche Bedeutung hat aber der kleine Haken, der im alten Haus sichtbar ist? Bildlich gesprochen, tragen wir alle »Hosenträger«, die dort eingehängt sind, denn es gibt eine Kraft, die uns ins Alte zurückzieht. Sicher, die Zugkraft der Hosenträger nimmt mit der Zeit ab und in gewissen Bereichen mag sie also nur noch schwach in uns wirksam sein, während sie sich in anderen dagegen noch sehr stark bemerkbar macht. Ganz gesichert wird das Leben im Neuen auf dieser Erde aber nie sein; die Rückfallmöglichkeit bleibt bestehen. Deshalb stellt Paulus fest: *[Wir] seufzen in uns selbst und sehnen uns nach der Kindschaft, der Erlösung unseres Leibes* (Röm 8,23 | LU). Wir sehnen uns danach, ganz und unverlierbar im Neuen leben zu können. Dies wird aber erst durch die Auferstehung möglich werden, wo wir *in einem Nu, in einem Augenblick ... verwandelt werden* (1Kor 15,52). Dann wird unser *irdisches Zelthaus* abgebrochen, und wir werden endgültig *in unserer Behausung aus dem Himmel* wohnen (vgl. 2Kor 5,1–2).

Die Heiligung ist zwar Gottes Geschenk an uns, aber zugleich ist sie auch ein Auftrag. Deshalb schreibt Paulus an die Philipper:

> *Bewirkt euer Heil mit Furcht und Zittern!*
> *Denn Gott ist's, der in euch wirkt beides,*
> *das Wollen und das Vollbringen,*
> *nach seinem Wohlgefallen* (Phil 2,12f | EF/LU).

Diese Aussage zeigt die ganze Spannung des Glaubens und das eindrückliche Zusammenspiel zwischen dem Wirken der Gnade und unserem Beitrag auf. Die Heiligung ist das Werk des Heiligen Geistes in uns; dies entspricht Gottes Wohlgefallen. Unser Beitrag besteht darin, dass wir uns des hohen Zieles bewusst sind, um das es geht – unser Heil; wir sollen in Ewigkeit in Gottes Gemeinschaft und Liebe leben. Wenn wir uns nun nach der Neuschöpfung ausstrecken, sie mit ganzer Kraft anstreben, schafft Gottes Geist in uns die Kraft des Wollens und des Vollbringens.

Konkret besteht unser Beitrag zur Heiligung zuerst einmal darin, dass wir uns in einem bestimmten Bereich unseres Verhaltens dazu entschließen, das Alte abzulegen und das Neue anzuziehen – ins neue Haus hinüber zu wechseln. Diesen Entschluss gilt es dann im Alltag umzusetzen, auszuleben (vgl. Eph 4,22–24; Kol 3,8–10). Um in der Heiligung zu bleiben, benötigen wir Hartnäckigkeit, Kraft und die Entschlossenheit, Rückfälle umgehend zu bereinigen. Paulus formuliert diese Herausforderung so: *Was wir schon erreicht haben, darin lasst uns auch leben* (Phil 3,16 | LU; vgl. Offb 3,11).

Dafür müssen wir nicht nur der eigenen Schwäche widerstehen, sondern auch dem Feind, der uns wieder ins Alte zurückziehen will. Jakobus zeigt uns, wie wir dies tun können:

Unterwerft euch nun Gott! Widersteht aber dem Teufel!
Und er wird von euch fliehen (Jak 4,7).

Unsere völlige Unterordnung unter Gott ist der beste Schutz gegen den Teufel. Wenn sich die Versuchung in unseren Gedanken zeigt, ist es wichtig, dahinter den Feind zu erkennen. Dann können wir ihm widerstehen. Was heißt das? Es geht dabei einfach darum, klar Stellung zu beziehen. Aus eigener Erfahrung weiß ich, dass es dafür auf unsere innere Entschiedenheit ankommt. Wenn wir uns und dem Feind sagen: »Das sollte ich eigentlich nicht tun«, dann lassen wir eine Hintertür offen – in dieser Stellungnahme steckt keine Kraft. Wenn wir dagegen sagen: »Das kommt für mich überhaupt nicht in Frage!«, dann widerstehen wir der Versuchung und dem Versucher mit Entschiedenheit und Kraft. Wenn wir so klar reagieren, wird er uns in Ruhe lassen und von uns fliehen.

Und nun, liebe Leserin, lieber Leser, ist es mir ein Bedürfnis, Gottes mächtige, überreiche Gnade zu preisen, die mit uns zum Ziel kommen wird. Können Sie mit mir in diesen Lobpreis einstimmen?

Lobpreis der Gnade

Ich preise dich, Vater im Himmel,
für deine unausdenkbare Gnade.
Aus Liebe hast du uns geschaffen nach deinem Ebenbild.
Aus Liebe hast du deinen Sohn hingegeben,
um uns wieder mit dir zu versöhnen.
Aus Gnade hast du uns neu geschaffen
und zur Sohnschaft berufen.
Deine Gnade schenkt uns alles,
was wir zum Leben und Lieben brauchen.
Deine Gnade bedeutet Leben in Fülle

in dieser Welt und in Ewigkeit.
In deiner Gnade führst du uns auf den Weg des Friedens,
du machst uns makarios.
Vater, was wäre ich ohne deine Gnade?
Ohne sie kann ich nicht mehr leben.
Vater, ich freue mich,
dein Sohn/deine Tochter zu sein;
Vater, ich liebe dich!

Jesus, du hast das Unvorstellbare auf dich genommen,
um der Gnade willen.
In deiner Barmherzigkeit hast du mich gesucht und gefunden.
Danke, dass du alles für mich vollbracht hast – wirklich alles!

Dir gebührt die Herrschaft, alle Macht und Herrlichkeit.
Du bist mein Herr; dir will ich dienen; deine Werke will ich tun.
Ich rühme dich als Haupt über deinem Leib;
an ihm darf ich Glied sein.
Dort erfahre ich Liebe und Ergänzung,
Gemeinschaft und Einheit von dir her.
Welches Gnadengeschenk, o Herr,
so eng an dir zu hängen und mit dir zu wirken.
Jesus, ohne dich wäre mein Leben leer, ohne Ziel und Sinn.
Dir gehöre ich, Jesus! Tue mit mir nach deinem Wohlgefallen!

Und dich, lieber Führer, Heiliger Geist,
will ich loben für deine Demut und Treue!
Du hast jahrelang in mir gewohnt und gewirkt,
ohne dass ich dich erkannt habe.
Du hast die Liebe des Vaters in mein Herz ausgegossen;
du hast mir Gottes Wort aufgeschlossen;
durch dich darf ich mit dem Vater und meinem Herrn
im Zwiegespräch sein;
aus Liebe und Gnade trittst du vor dem Vater für mich ein.
Du begabst mich und schaffst die Frucht der Liebe in mir;

du wachst über mir.
Du bist mein göttlicher Ermutiger;
du entfaltest Gottes Potenzial in mir.
Ohne dich, lieber Heiliger Geist,
kann ich Gottes Werke nicht tun!
Von dir will ich lernen, demütig zu sein, zu dienen,
andere zu ermutigen und in ihnen zu entfalten,
wozu Gott sie bestimmt hat.
Nimm allen Raum ein in mir; erfülle mich ganz;
tue dein Werk der Heiligung an mir.

So möge alles in mir Gott loben,
mein Geist, meine Seele und auch mein Leib!
Deine Gnade, Gott Vater, preise ich mit all meiner Kraft!
Deine Herrschaft rühme ich, Jesus Christus, Herr und Erlöser!
Auf deine Treue baue ich, du Schöpfer Geist!
Amen!

Und nun gibt es nichts mehr zu sagen. Ich will Sie noch segnen, liebe Leserin, lieber Leser:

Der Gott aller Gnade aber, der euch berufen hat
zu seiner ewigen Herrlichkeit in Christus,
er selbst wird euch ...
vollkommen machen, stärken, kräftigen, gründen.
Ihm sei die Macht in Ewigkeit! Amen (1Petr 5,10f).

Anhang

Begriffe

Agape
Das griechische Wort umschreibt die Liebe Gottes zu uns, die Liebe des Sohnes zum Vater und unsere Liebe zu Gott und dem Nächsten. Diese Liebe wird in 1. Korinther 13,4–7 umschrieben. Der Grund für diese Liebe liegt im Herzen und im Wollen dessen, der liebt; sie ist bedingungslos, lässt frei und ist bereit, sich für den anderen hinzugeben. Gott *ist* Agape.

Gesinnung
Die Gesinnung gehört zu unserem Herzen; aus ihr entspringt unser Denken und Handeln. Sie umfasst unsere Grundüberzeugungen, unsere Lebensziele, unsere Wertmaßstäbe, unsere tiefsten Motive und unser Wollen. Hier will Gottes verändernde Kraft mit der Umgestaltung unserer Person beginnen: von innen nach außen.

Herz
Das Herz ist in der Bibel das Zentrum der Person, der Ort, wo die Entscheidungen fallen. Sie schreibt dem Herzen Gedanken, Überlegungen, Verstehen, Willen, Urteilskraft, Planung, Verlangen, Liebe und andere Gefühle zu. Gott verheißt uns ein neues Herz, erfüllt von seinem Geist, damit wir seinen Willen tun können (Hes 36,26–27).

makarios
Dieses Wort wird meist mit »glückselig« übersetzt. Es bedeutet, dass eine Person von Gott gesegnet und damit völlig zufriedengestellt und glücklich ist. Dies geschieht nicht

durch die Umstände, sondern dadurch, dass der Heilige Geist und Christus in ihr Wohnung nehmen. Sie lebt zwar noch in der Welt, aber durch die Gemeinschaft mit Gott und die Abhängigkeit von ihm wird sie unabhängig von der Welt.

Neuschöpfung   Gottes Plan, die Menschen aus den Folgen des Sündenfalls zu erlösen, verwirklicht sich im Tod und der Auferstehung Jesu. In ihm schafft er eine neue Menschheit, die als Söhne und Töchter dem Willen des Vaters gemäß leben können. Heiligung ist der Prozess, durch den die Kinder Gottes zu dem werden, was sie in Jesus Christus bereits sind.

Sünde   Sünde ist Zielverfehlung, ein Handeln, das nicht aus der Liebe kommt. Sünde hat immer zerstörerische Konsequenzen: Sie hindert das Leben, sie verletzt Menschen, sie zerstört Beziehungen. Weil Gott die Sünde hasst, ist sie letztlich auch immer gegen ihn gerichtet. Durch seinen Tod am Kreuz hat Jesus für unsere Sünde bezahlt und uns daraus erlöst.

Literaturverzeichnis

Aurelius Augustinus: *Bekenntnisse*, Zürich 1950.

Matthias Claudius: *An meinen Sohn Johannes*, Weinstadt 2002.

Elberfelder Studienbibel mit Sprachschlüssel, Neues Testament, Wuppertal 1994.

Walter Trobisch: *Liebe dich selbst*, Wuppertal 1975.

Paul Watzlawick: *Anleitung zum Unglücklichsein*, München 1983.

Paul Watzlawick: *Menschliche Kommunikation*, Bern 1969.

Die Kunst der kleinen Schritte

Die »Kunst der kleinen Schritte« zeigt einen praktischen Weg auf, wie wir Erkanntes in eine Entscheidung verwandeln und diese dann auch im Alltag umsetzen können.

Von Gott her ist alles für die Veränderung unseres Lebens bereit. Seine Angebote – wie zum Beispiel die Vergebung – müssen wir aber in Anspruch nehmen. Ungute Verhaltensweisen können wir ablegen und die dem Willen Gottes und der Neuschöpfung gemäßen anziehen. Was uns fehlt, dürfen wir erbitten und empfangen. Diese Schritte drücken wir im Gebet vor Gott aus.

Danach geht es im Alltag um die Umsetzung dieser Schritte, also darum, konkret *in Neuheit des Lebens zu wandeln* (vgl. Röm 6,4). Gewisse dieser im Gebet getroffenen Entscheidungen betreffen aber so viele Bereiche, dass die Umsetzung nicht auf der ganzen Front angepackt werden kann. Das Geheimnis liegt nun in der »Kunst der kleinen Schritte«: Wir wählen einen kleinen Bereich aus, wo uns die Umsetzung mit 95-prozentiger Erfolgschance gelingen kann. Erst wenn uns die Umsetzung hier gelungen ist, wenden wir uns dem nächsten, etwas schwierigeren Bereich zu. Mit Erstaunen können wir nun feststellen, dass sich das neue Verhalten in immer mehr Bereichen wie von selbst ergibt. Auf der Treue im Kleinen liegt Gottes Segen. Die Kunst der kleinen Schritte ist deshalb sehr effizient.

Auch wenn wir den Bereich noch so sorgfältig auswählen, müssen wir mit Rückfällen in unser altes Verhalten rechnen. Weil der Mensch ein Gewohnheits-Wesen ist, sind solche Abstürze normal. Wie gehen wir damit um? Die Bereinigung eines Rückfalls kann in drei Schritten geschehen:

Anstatt uns lange über uns zu ärgern, wenden wir uns sofort Gott zu.

Wir bekennen den Rückfall als Schuld, bitten Gott um Vergebung und nehmen sie an.

Wir stehen wieder auf, indem wir unsere im Gebet getroffene Entscheidung bestätigen, Gottes Hilfe beim weiteren Umsetzen erbitten und weitergehen – bis zum nächsten Rückfall.

Wenn wir an getroffenen Entscheidungen festhalten und diese Verarbeitung hartnäckig jedes Mal und umgehend leisten – oft mehrmals am gleichen Tag –, bauen sich neue, aus der Freiheit heraus wachsende Gewohnheiten und Muster auf. Das Ausleben braucht also Ausdauer, Hartnäckigkeit, Geduld und Selbstbarmherzigkeit. Es ist ein Lernprozess, wie wenn ein Kind laufen lernt. Der Heilige Geist wirkt in uns als Wächter, damit wir die Rückfälle wahrnehmen. Er erinnert uns an unsere Schritte im Gebet, ermutigt uns, hilft unserer Schwachheit auf und tritt als Fürbitter für uns ein (vgl. Röm 8,26).

Durch die Kunst der kleinen Schritte wird aus unseren Entschlüssen ein neues Verhalten.

Von demselben Autor

DR. MANFRED ENGELI

Gottes Lösungen
Die Finale Seelsorge

Die Finale Seelsorge ist eine vorwärtsgerichtete statt vergangenheitsbezogene Sicht- und Arbeitsweise; sie umschreibt ein lösungs- statt problemorientiertes Vorgehen.

Dieser Ansatz von Dr. Manfred Engeli bildete sich in seiner langjährigen Tätigkeit als christlicher Psychotherapeut heraus. Nicht nur professionelle Therapeuten, sondern auch ehrenamtliche Seelsorger können ihn in der Praxis umsetzen.

So geht es im seelsorgerlich-therapeutischen Gespräch darum, miteinander zu entdecken, welche Lösung Gott bereit hält, und zu helfen, Gottes Angebot anzunehmen.

In diesem Handbuch entfaltet Dr. Engeli mit starkem Bezug zur Praxis den Ansatz der Finalen Seelsorge. Es richtet sich an Seelsorger ebenso wie an Leser, die es zur „Seelsorge an der eigenen Seele" nutzen möchten.

ca. 256 Seiten, gebunden
ISBN 978-3-86256-020-2, Best.-Nr. 588 719
erscheint im Frühjahr 2012

NEUFELD VERLAG

n[Ⓥ]

www.neufeld-verlag.de